体能测试与评估

朱丽敏　闫琪　主编

人民体育出版社

图书在版编目（CIP）数据

体能测试与评估 / 朱丽敏，闫琪主编 . -- 北京：人民体育出版社，2023（2025.2 重印）

ISBN 978-7-5009-6258-8

Ⅰ．①体… Ⅱ．①朱… ②闫… Ⅲ．①体能—身体训练—教学评估—高等职业教育—教材 Ⅳ．① G808.14

中国版本图书馆 CIP 数据核字 (2022) 第 257003 号

*

人 民 体 育 出 版 社 出 版 发 行
天津中印联印务有限公司印刷
新 华 书 店 经 销

*

787 × 1092　16 开本　13 印张　256 千字
2023 年 8 月第 1 版　2025 年 2 月第 2 次印刷

*

ISBN 978-7-5009-6258-8
定价：55.00 元

社址：北京市东城区体育馆路 8 号（天坛公园东门）
电话：67151482（发行部）　邮编：100061
传真：67151483　邮购：67118491
网址：www.psphpress.com
（购买本社图书，如遇有缺损页可与邮购部联系）

本书编写组

主　编：朱丽敏　闫　琪

副主编：于　成　张庆财　李冠华

主　审：杨　阳

编　委：（以姓氏笔画为序）

王宇红　王姣姣　王　娜　王奥蕾

王　鹏　许亚萍　李　昂　李建亚

肖品圆　张龙凤　张淑贤　陈天舒

武家宝　周　密　倪铭泽　谢　丽

臧　韦

前 言

FOREWORD

体能训练是运动训练实践中重要的组成部分。近年来体能训练得到了前所未有的重视，不仅仅在竞技体育领域，也包括大众健康领域、特种行业训练领域甚至医学领域。社会对体能从业人员的能力要求也越来越高。基于社会的强烈需求，培养合格的体能从业人员是体育职业教育在未来一个阶段内重要的发展方向之一。

能够为不同运动专项或者特定人群设计合理的体能测试方案、组织测试并对结果进行分析和评估，是一名体能从业人员重要的职业技能之一。在设计不同运动专项的体能测试方案时，要具备以下知识和能力：需要深刻理解体能测试的重要意义，认识到体能测试对于调整和改变训练计划的重要作用；需要熟练掌握身体功能、基础体能和专项体能分别对应的测试方法；还需要理解不同运动专项之间的共性和特异性。这样才能设计出一份合理的运动专项体能测试方案。

本书介绍了体能测试领域经典理论与实践成果，不仅对常用的体能测试理论和方法进行了详细讲解，而且也不拘泥于传统，引入很多前沿理念与方法，比如功能性动作筛查、YBT 平衡能力测试等。此外，本书还详细介绍了一些人体基本功能测试和评估的方法，有助于体能从业人员在训练中发现潜在的损伤风险，同时更加关注动作质量，这在目前体育职业教育的教材中还不多见。

本书根据职业教育教学与专业培训要求，按照最新的活页式教材进行设计，共分为 9 个项目，每个项目又细分为若干个任务和子任务，对体能测试和评估方法进行了详细讲解，并提供了很多可参考的计算公式和评价方法，体现了测试与评估方法的科学化和系统化。项目一重点介绍了体能测试与评估的相关基础概念和实施要求；项目二介绍了人体测量和评估方法，以及功能性动作筛查（FMS）的方法和评分方法；项目三到项目九，则分别介绍了灵活性与柔韧性、平衡性、爆发力、速度和灵敏、力量、无氧耐力和有氧耐力的相关知识以及测评方法。每一个项目中都对重要知识点进行了详细的介绍并配图示，便于学生进行学习理解的同时，也有助于学生能更快更好地动手进行实践操作。

本书结构清晰、特点鲜明、理念前沿，更加结合训练实践，是多名长期从事体育职业培训专业人士和体能训练专业人士共同合作的心血结晶，是广大体能从业人员提高职业能力的专业教材。

同时因涉及的内容较多，本书在编写过程中难免有不足之处，欢迎广大读者提出宝贵意见。

目录
CONTENTS

项目一　体能训练测评基础

体能是我们从事体育运动的基础。在各项体育运动中，体能都发挥着重要的作用，是保障运动技战术发挥的前提条件。体能测试是科学体能训练的必备环节，通过体能测试，可以检验人体的体能水平、人体的形态学特征和人体的机能特征。在进行体能训练之前，应先对个体进行有针对性的体能测评，然后根据个体的身体状况和训练目标实施针对性的体能训练。在训练后，再进行体能测评，评估人体的身体状况和锻炼效果，找出薄弱环节，对训练计划进行调整，充分发挥体能测评结果的引导和督促作用。

【学习任务与学习目标】

· 学习任务

能结合某一项体育运动说明该项运动体能测评的顺序和注意事项。

· 学习目标

知识目标：

通过本项目的学习，了解体能测评的重要性，理解体能测评的信度、效度与影响因素，掌握体能测评的选择方法与实施顺序。

能力目标：

通过本项目的学习实践，学生能够理解体能测评的重要性并积极配合参与测评，并能够把测评的数据和训练实践进行结合，确定不同运动项目体能测试评估的顺序。

素养目标：

通过本项目的学习，培养学生严谨求实的体育科学精神，认真负责、精益求精的工匠精神；同时通过对体能测试评估基础内容的介绍，培养学生对职业的认同感和敬业感以及科学规范的职业素养。

任务一　体能测试与评估相关知识认知

体能测试与评估是运动训练和体能训练等专业学生必须掌握的基础技能。体能测试与评估的相关理论知识的学习与掌握是后续进行实践操作的基础，是测试与评估科学性的前提保障。

一、体能测试与评估的重要意义

体能是通过力量、速度、耐力、协调、柔韧、灵敏等运动素质表现出来的人体基本的运动能力，是运动员竞技能力的重要构成因素。体能水平的高低与人体的形态学特征以及人体的机能特征的好坏密切相关，科学系统的体能测试与评估，对于促进受试者身体健康、充分发展其运动素质有着重要意义。

（一）有利于训练目标的设定

体能测试的目的是使受试者通过专门的测试全面了解自己的体能状况，根据测试结果，分析受试者的具体问题，制订符合自身条件的训练目标。

（二）有利于确认所需提高的运动能力

通过体能测试在一定程度上反映了受试者在各个方面的优势或不足，例如，一些运动员的耐力较差，一些运动员灵敏性较差，这些基本运动能力在比赛的关键时刻都会影响运动员他们竞技表现的发挥，通过测试后，根据个体状况确认需要提高的运动能力，通过专门的训练内容来帮助受试者提升特定的运动能力。

（三）有利于把控训练强度

体能测试在一定程度上能够实现体能训练强度的变化，在分析受试者测试情况的基础上，可以根据受试者的欠缺对症下药，增强某方面的训练强度，也可以根据其优势来适当地减少某方面的训练强度。

二、体能测评中常见的术语

在体能测试中，会使用一些专业术语。

- 测试：利用特定的方法进行评估受试者各种能力的过程。
- 场地测试：不是在室内进行的一种评估能力的测试形式，也不需要剧烈的训练或昂贵的仪器设备。

• 测量：收集测试数据的过程。

• 评估：进行分析测试结果并作出相应决策的过程。

• 前期体能测试：在训练开始之前的测试，用于考察受试者的最初基本运动能力。

• 中期体能测试：在训练中期进行的测试，用于评估训练的进展及合理性，以便因人而异，按照最佳原则进行修改计划。

• 后期体能测试：在训练期结束后进行的测试，用于检验训练计划是否达到了相应的目标水平。

三、体能测试的效度与信度

效度是指测量的真实性，是指一个测试测量到它应该测量内容的程度，是测试重要的特征之一，如果测试过程是有效的，测试结果也是可靠的。

信度是指测量的一致性，或者指测量的可重复程度，如果运动员能力没有变化，采用信度较好的测试方法对其进行多次测试后能获得相同的分数。须注意的是，用统一方法对不同类型的组员进行测试时，因为受试者的身体或者心理的成熟度及技术水平方面存在差异，也会影响测试的信度。

四、体能测试与评估的选择与影响因素

测试方法的选择对运动员的评估结果的效度与信度至关重要，体能教练选择测试方法必须考虑运动项目的动作专项性，运动项目的能量代谢特征、运动经历与训练状态、年龄，以及环境因素等。

（一）运动项目的动作专项性

专项技术是运动项目核心内容，任何一项运动技术都是由若干独立的动作联结组成的集合。尽管不同的体育项目需要完成不同的动作，但各个运动项目的动作都应符合人体生物力学基本原理，并具有相应的动作标准和动作规格。同时，测试动作与运动专项中的重要动作越相似越好。例如，对于篮球与排球运动来说，垂直纵跳测试就具备很高的专项性，因为他们的比赛都涉及垂直纵跳，但是该测试与投掷类项目的相关性较低，因为投掷类项目比赛不涉及垂直纵跳。此外，某些集体项目的不同位置对身体素质的要求也不同。例如，排球运动员不同位置的运动模式不同，其测试动作选择也就不同。

（二）运动项目的能量代谢特征

每个运动项目都有各自的能量代谢特征，有效的体能测试必须模拟运动专项的

能量需求，以此对运动能力进行针对性评估。作为一名合格的体能教练员应该充分掌握人体运动的能量代谢系统（即磷酸原供能系统、糖酵解供能系统以及有氧氧化供能系统等）供能方式和相互关系，才能在选择或设计测量专项运动能力测试时运用和专项接近的方法手段。例如，足球运动员跑动能力测试时，体能教练员必须认识到足球项目是一项以无氧供能为主、有氧供能为辅的运动项目，了解运动员在足球比赛中跑动冲刺的距离和速度，最好的测试方法应该模拟实际比赛中的动作及能量代谢的需求。

（三）运动经历与训练状态

对于训练有素、经验丰富的运动员来说，采用技术要求较高的测试更为合适，因为他具备高度的专项性。然而，对经验较少的运动员进行测试时，较高水平的专项体能测试就不合适了。经验较少运动员其专项技术也不成熟，即使进行专项体能测试，也不一定能评估其真实素质水平。

（四）年龄与性别

年龄与性别也会影响测试的效度与信度。在有氧测试中 12 分钟跑是一种评价运动员有氧能力的经典测试，而将该测试应用于儿童则不太合适，因为他们的身体机能还未发育完全，不适合大强度的训练。在运动队常以引体向上来评测运动员的上肢肌耐力，男性运动员可以用此项测试来评测上肢肌耐力，而女性运动员则不太适合，此时女性运动员可以采用斜卧引体向上来进行测试，以此来达到测试的有效性。

（五）环境因素

在选择和执行基本运动能力测试时，必须要考虑环境因素。比如，高温的环境（尤其高温结合高潮湿的环境）会影响心肺耐力水平，会给运动员带来健康风险，还会使有氧耐力测试的效度降低。在最大摄氧量测试中，高温会影响运动员的最大摄氧量，导致其最大摄氧量跑测试的成绩偏低。而跑动的时间又会受低温环境影响。因此，进行有氧耐力测试最好在室内。室外有氧耐力测试不适于在温度波动较大的地方进行。如果可以的话，有氧耐力测试可在室内田径场进行或使用跑步机、功率自行车进行测试。

任务二　体能测试与评估的实施要求

选定体能测试的项目之后，需要考虑的问题在于确定体能测试的具体实施方案。合理的体能测试安排首先需要保证测试的准确性，其次是尽可能优化测试流程，控制时间与资金成本。

一、测试顺序

为了避免测试项目之间的干扰，需要对体能测试实施的顺序进行合理安排。这一干扰效应主要体现在一些测试的残余疲劳对后续测试表现的影响。例如爆发力表现对于疲劳状态非常敏感，在进行爆发力测试时需要受试者保持很好的神经肌肉活性，如果在进行爆发力测试之前进行了较为疲劳的测试，在没有充分恢复的情况下会对爆发力测试的准确性造成影响。

为了避免疲劳状态带来的影响，同时节约时间成本，一般的测试建议是先进行非疲劳性的测试，然后进行疲劳性的测试。测试的具体顺序与测试造成的疲劳程度相关，疲劳程度越大该测试的安排越靠后。如果测试安排中疲劳性测试项目较多，单次测试时间有限，则需要考虑把体能测试安排在不同的日期以保证测试的准确性。体能测试项目顺序安排的一般建议如下。

（1）体重、身高、形态、柔韧、体成分等无疲劳的测试；

（2）灵敏性测试；

（3）最大功率和最大力量的测试；

（4）冲刺跑测试；

（5）肌肉耐力的测试；

（6）无氧耐力的测试；

（7）有氧耐力的测试。

除了考虑体能测试项目之间的影响之外，还需要考虑训练对测试的影响。受试者特别是运动员，日常训练会积累不同程度的疲劳，如果没有得到充分的恢复，那么一些对于疲劳具有敏感性的测试，比如常用于对运动员疲劳状态进行监控的反向运动跳跃测试（Counter Movement Jump，CMJ），就会受到影响。在某些情况下就可能会误导教练员的判断，从而质疑训练的有效性。为了避免训练疲劳对测试的影响，一般建议在训练日的上午进行测试，而在训练小周期内，一般为 1 周，也建议在小周期开始的前几个训练日进行测试，因为随着训练的进行，运动员的疲劳会不断累积。

二、其他考虑因素

体能测试中除了要考虑测试顺序这一影响因素之外，还需要考虑以下常见因素。

（一）对测试的熟悉程度

不同体能测试项目的复杂性不同，受试者正式测试之前应该明确测试项目执行的动作标准或者流程。如果不熟悉，受试者很难在第一次测试中表现出真实水平。为此，受试者应该在正式开始测试前进行熟悉性的练习以掌握测试动作，从而使测试结果可靠。

（二）热身情况

不同体能测试项目对身体准备程度的要求不同，测试者应确保在适当的时间对处于适当准备水平的受试者进行测试。为此，测试者应该根据测试项目的特点安排受试者进行合理的热身。

（三）测试的一致性

所有受试者在测试中都按照同一标准和流程进行测试是测试数据可以进行对比和跟踪的前提。为了保证测试的一致性，主要考虑因素包括测试动作标准、测试流程以及测试器材的一致性。例如，卧推作为最常见的最大力量测试项目之一，在测试中一般会让受试者在杠铃触及胸部之后再上推直到手臂伸直，如果不制定这样的动作标准，则很难判断受试者某一次测试动作的有效性。测试器材同样是测试中的重要考虑因素，比如常见的电阻抗体成分测试仪，不同品牌的设备之间可能存在差异；新兴的爆发力监控设备，比如力量功率测试系统 Gymaware、速度力量训练综合评测系统 Push Band 等对于速度和爆发力的监控数据同样存在差异。同一测试项目可以选用不同的测试设备，为了保证对规律性测试所得数据进行对比和分析，需要测试者在长期的体能测试中保证测试设备的一致性。

小 结

体能测试与评估是科学体能训练的前提，本章首先对体能测评的重要性进行分析，同时对体能测评的信度、效度、影响因素以及如何实施进行阐述，为后面的体能测试与评估奠定基础。

实践作业

1. 按照常见运动项目分组研讨一下不同运动项目需要具备哪些运动能力？

2. 结合一项体能测评，说明如何能把体能测试与评估的实施要求运用到实践操作中？

作业与思考

结合自己熟悉的运动项目谈谈如何合理安排体能测试与评估？

项目二 人体测量评估与功能性动作筛查

人体测量评估与功能性动作筛查广泛应用于对运动员和普通人群整体健康状况的了解与筛查。人体测量可以量化人体的各个方面，身体成分可以反映人体内部结构比例特征，身体围度、身体质量指数和皮褶厚度测量能体现肌肉与脂肪的情况。功能性动作筛查是身体动作功能评价方法，也是一种革新性的动作模式评价系统，它简便易行，由 7 个检查动作和 4 个排除动作构成，可以广泛用于各类人群的基本运动功能的评价。

【学习任务与学习目标】

· 学习任务

1. 分组完成身高、体重、身体质量指数、身体成分、身体围度的测评。
2. 两人一组相互完成 FMS 的测评。

· 学习目标

知识目标：

通过本项目的学习使学生了解人体基本测量的目的，熟悉测量的步骤流程及注意事项，理解测量指标的相关评价标准。

能力目标：

通过本项目的学习，使学生能够完成人体基本测量和 FMS 测试与评估，能及时发现和纠正测试评估中出现的常见问题，并且能对评价标准数据进行分析解读。

素养目标：

通过本项目的学习，培养学生良好的体育职业规范、精益求精的工匠精神、认真严谨的科学态度，以及对职业的认同感。

任务一　人体测量和身体成分测量

人体测量包括身高测量、体重测量与身体质量指数测试。

身体成分可以分为瘦体重和体脂重，其中体脂重是人体内脂肪的占有总量，而瘦体重是人体内非脂肪组织以外的，例如肌肉、骨骼和水分等。我们可以通过利用各式各样的测量方法及工具测得人体甚至某个部位的身体成分，以便评估身体健康的状况。

子任务一 身高、体重、身体质量指数测试

1. 身高

身高测量

（1）**测试目的：** 了解受试者的具体身高。

（2）**测试器材：** 身高测量仪。

（3）**测试步骤与要求：**

受试者光脚以立正姿势站立于地板上，脚跟、臀部、两肩胛间三点与立柱相接处（简称三点靠立柱）；身体自然挺直，头部保持中立位，双眼平视，耳垂下缘和眼眶上缘呈水平位（简称两点呈水平）。测试员站在侧面，等待水平板从上移动到受试者头顶时，测试员双眼与水平板呈现水平位的情况下进行读数（图 2–1–1–1）。

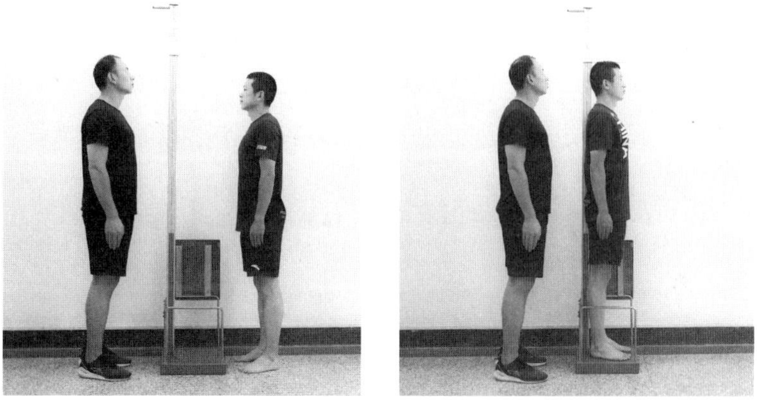

① ②

图 2–1–1–1 身高测试

（4）**数据记录：**

测试员每次测量身高最好连续测两次，间隔约 30s，两次测量结果应大致相同。

（5）**注意事项：**

① 身高测量仪放置于平坦地面靠墙处，立柱垂直于地面，刻度面向光源。

② 测试前应校对零点，误差不得大于 0.1cm。

③ 严格把控“三点靠立柱、两点呈水平”的测量要求，水平板与头部接触时，松紧要适中（头发蓬松者要压实，头顶的发结、小辫子要解开，饰物要取下）。

④ 测试员读数时双眼应与压板水平面等高。

⑤ 测试之前，受试者应避免剧烈体育活动和体力活动，且应赤脚。

2. 体重

体重测量

（1）**测试目的：**了解受试者的身体重量。

（2）**测试器材：**体重秤。

（3）**测试步骤与要求：**

受试者双脚站在体重秤的中央，身体直立，不要晃动（图 2–1–1–2）。

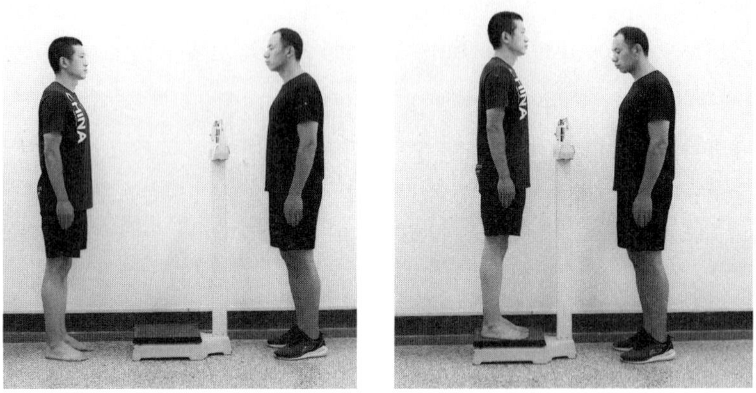

①　　　　②

图 2–1–1–2　体重测试

（4）**数据记录：**

记录 3 次测试中的平均数值。

（5）**注意事项：**

① 测试前进行校准灵敏度和准确度，测试误差不得超过 0.1kg。

② 确保地面平坦，设备四脚着地，受力均匀，不能倾斜，不颠不颤。

③ 受试者保持身体稳定，双脚平衡站在秤面中央，确保数值精确性。

④ 男性受试者需穿短裤，女性受试者需穿短裤和背心。

⑤ 测试员在测试一定次数后，应对仪器进行一次校准。

3. 身体质量指数（BMI）

该测试方法简便易行，对于久坐不动的人群或临床应用中，有一定的使用价值，而且易推广。但缺点不能直接测量出人体的体脂百分比，也就不能说明人体重量的分布，而且在运动员、健美人群和专业运动员中会因身体肌肉含量过高，超过数值的正常范围，这时体重指数虽然高，但并不是真正意义上的肥胖，所以我们要正确对待身体质量指数，既要参考正常范围，又要兼顾特殊人群并结合其他的指标共同判断。

（1）**测试目的：**了解受试者的胖瘦程度以判断其健康状况。

（2）**测试器材：**软卷尺、电子秤、独立式测距仪或身高体重计、组合式秤。

（3）**测试步骤与要求：**

以千克（kg）记录受试者的体重，以米（m）记录受试者的身高，测试结果使用以下公式计算身体质量指数。

$$身体质量指数（BMI）= 体重（kg）/ 身高^2（m）。$$

（4）**数据记录：**记录连续 3 次测试中的平均数值。

（5）**注意事项：**

① 测量受试者身高和体重的时间为一天中的某个特定时间，因两者会根据人体代谢在 24h 内发生一些变化。

② 受试者在测量评估前 6h 左右不能进食并使身体保持充足的水分。

③ 测试设备安放置于平坦稳定的地面上。

④ 在测试评估过程中，由测试员记录测试数据，记录时重复一遍数值确保数据的准确性。

（6）**数据分析：**

根据世界卫生组织 WHO 的标准，如果 $BMI < 18.5$，提示体重过轻；如果 $18.5 \leqslant BMI \leqslant 24.9$，为正常范围标准；如果 $25 \leqslant BMI \leqslant 29.9$，提示为身体超重；如果 $30 \leqslant BMI \leqslant 39.9$，提示为身体肥胖；如果 $BMI > 40$，则提示病态的肥胖。

子任务二　围度评估

围度测量可以用于预测身体成分，在不同性别和不同年龄层次的群体中均有良好的适应性。

1. 胸围

胸围测量

胸围可以反映受试者平静呼吸时的胸腔容积、胸肌、背肌的发育以及皮下脂肪积累状况，同时还能间接了解呼吸器官的发育程度。

（1）**测试目的：**测量受试者胸围。

（2）**测试器材：**刻度皮尺。

（3）**测试步骤与要求：**

受试者自然站立，双脚与髋同宽，双肩放松，上肢自然下垂。测试员面对受试者，将皮尺上缘经背部肩胛骨下角下缘至胸前，男性和乳房还没有发育的女性将皮尺下缘置于乳头上缘，已经发育的女性放置于乳头上方第四肋骨关节处，测量平静状态下的胸围（图 2–1–2–1）。

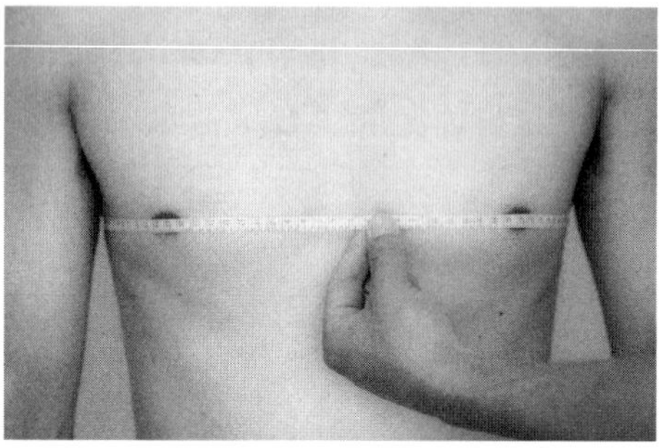

图 2–1–2–1　胸围测量

（4）**数据记录：**

记录 3 次测试中的平均数值。

（5）**注意事项：**

① 测量位置准确，皮尺无褶皱。

② 受试者不能含胸、低头，也不能提胸和深呼吸。

③ 测量时皮尺贴于皮肤即可，做到松紧适中，误差不超过 0.5cm。

2. 腰围

腰围测量

腰围可以反映受试者腹部皮下脂肪的厚度及堆积程度，也可以作为一种健康风险评价指标单独使用。

（1）**测试目的：**测量受试者的腰围。

（2）**测试器材：**刻度皮尺。

（3）**测试步骤与要求：**

受试者自然站立，双脚开立与髋同宽，暴露腹部，取两侧胸廓下缘，也就是肋骨最低处和两侧髂前上棘最高处连线的中点为标志（腰部最细的地方），将皮尺沿该位置水平绕一周，在呼气末或呼气初时的读数即为腰围（图 2-1-2-2）。

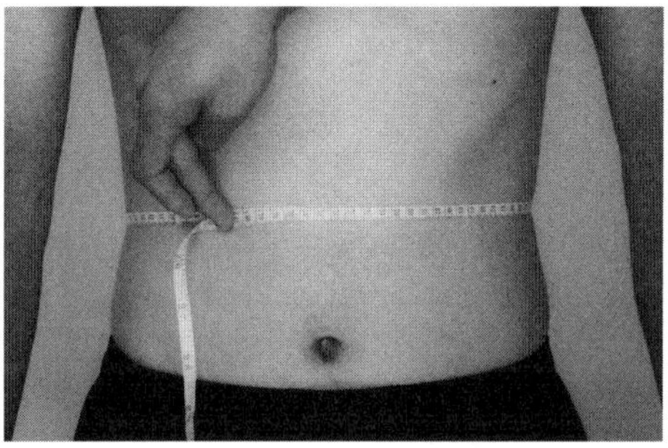

图 2-1-2-2　腰围测量

（4）**数据记录：**

记录 3 次测试中的平均数值。

（5）**注意事项：**

① 受试者应平静呼吸，不要做腹式呼吸，在呼气末进行测量。

② 受试者尽量暴露被测量部位，男女受试者应该分室进行测量。

③ 在测量腰围时尽量不要勒得太紧，要保持正常的贴紧肌肤状态，不得超过 0.5cm。

3. 臂围

臂围测量

臂围是反映受试者上臂肌肉、骨骼、皮下脂肪和皮肤的综合测量指标。臂围测量分为上臂围和前臂围，都是测量臂部最粗的部位；臂部紧张围与臂部松弛围二者之差可以反映肌肉含量的多少，臂围差越大，说明臂部肌肉越发达。

（1）**测试目的：**测量受试者的臂围。

（2）**测试器材：**刻度皮尺。

（3）**测试步骤与要求：**

受试者自然站立，测试一侧手臂斜平举 45°，掌心向上握拳时并屈肘，测试员面对受试者，将皮尺绕肱二头肌最粗处测量上臂紧张围（图 2-1-2-3 ①），皮尺位置不动，受试者上臂也不动，缓慢将前臂伸直并松拳，这时测量的为上臂放松围（图 2-1-2-3 ②）。测量前臂围，手臂放置于体侧 30°，其他动作与上臂围动作相同。

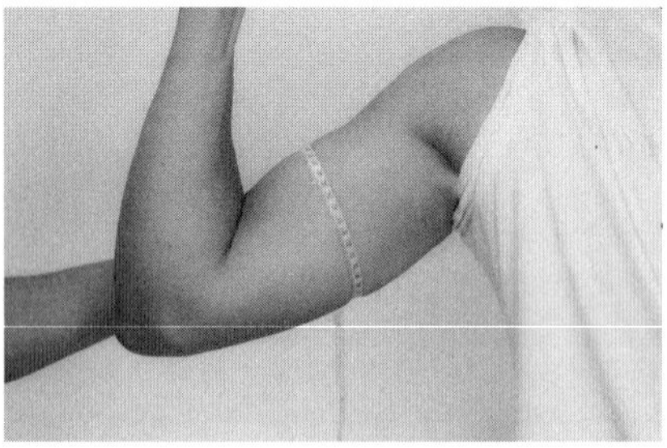

①

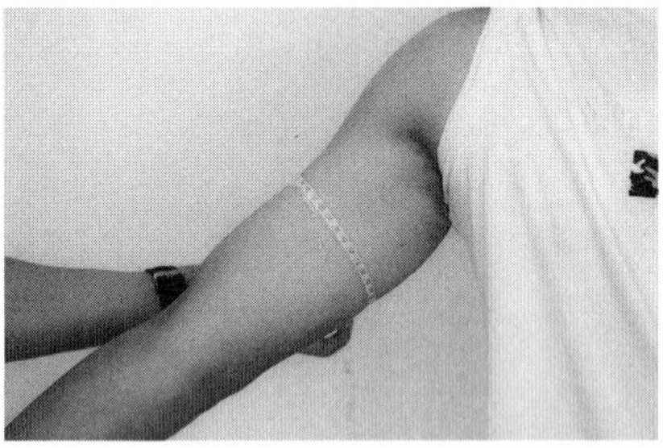

②

图 2-1-2-3　臂围测量

（4）**数据记录：**

记录 3 次测试中的平均数值。

（5）**注意事项：**

① 皮带松紧要适中，测量结果误差不得超过 0.5cm。

② 测量紧张围时，肌肉必须充分收缩，可以触及肌肉硬度来判断。

③ 在变换测量时，切忌皮尺移动，要确保准确性。

4. 臀围

臀围测量

臀围可以反映受试者髋部骨骼和肌肉的发育情况。

（1）**测试目的**：测量受试者的臀围。

（2）**测试器材**：刻度皮尺。

（3）**测试步骤与要求**：

受试者自然站立，双脚并拢，双臂自然下垂，测试员将皮尺水平放在受试者前面的耻骨联合和背后臀大肌最凸处横切面上（图 2–1–2–4）。

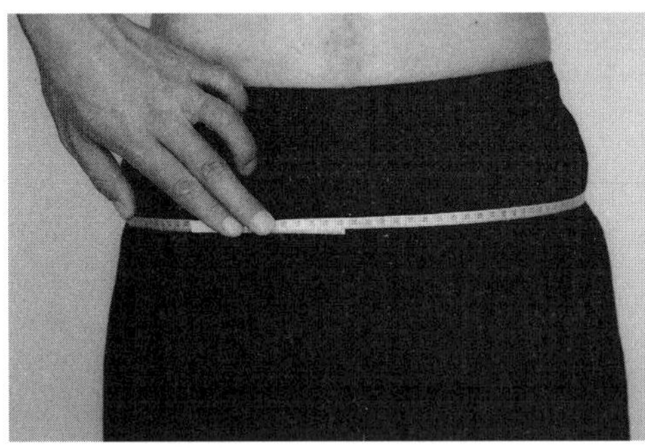

图 2–1–2–4 臀围测量

（4）**数据记录**：

记录 3 次测试中的平均数值。

（5）**注意事项**：

① 皮尺测量时要在横切面上且避免剧烈运动。

② 试者穿着薄内衣，尽量暴露被测量部位，男女受试者应该分室进行测量。

③ 测量时皮尺松紧要适中，力求仔细、准确，误差不得超过 0.5cm。

④ 每次测量的时间和部位相同。

（6）**解读与分析**：

一般情况下女性身高臀围指数明显大于男性，这是因为女性臀宽，而不是翘臀。男女同身高的情况下，女性臀部更大、更宽。

5. 腿围

腿围测量

（1）**测试目的**：腿围可以反映受试者下肢部位肌肉维度的大小，以及两侧腿部肌肉发育是否均匀。

（2）**测试器材**：刻度皮尺。

（3）**测试步骤与要求**：

受试者自然站立，双脚开立与肩同宽，体重均匀分布在双腿上，测试员将皮尺上缘沿臀部皱纹水平绕环一周测量（图 2-1-2-5）。

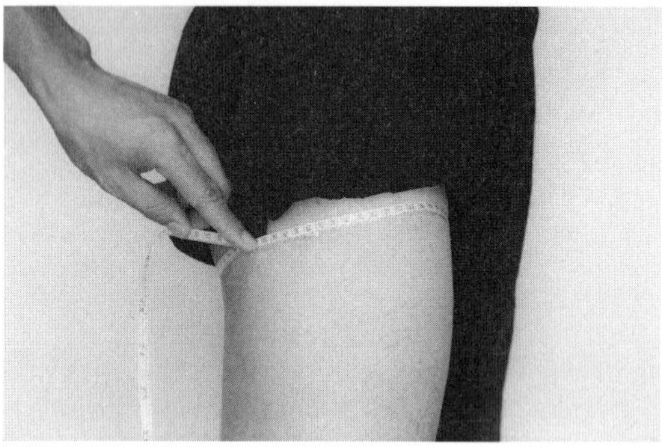

图 2-1-2-5　腿围测量

（4）**数据记录**：

记录 3 次测试中的平均数值。

（5）**注意事项**：

① 被测者穿着薄内衣，尽量暴露被测量部位，男女受试者应该分室进行测量。

② 测试时受试者保持大腿紧绷。

③ 测试员将皮尺紧贴皮肤表面进行测量，松紧适中，误差不得超过 0.5cm。

（6）**解读与分析**：

大腿围每增加 5cm 会使总死亡率风险降低 18%，这种关联性在女性中较明显，在男性中无明显关联性。

6. 腰臀比

腰臀比可以反映受试者是否有中心性肥胖的重要指标之一，也是衡量个体较多腹部脂肪的常用方法，还能反映相应的疾病风险。

（1）**测试目的**：测量受试者的腰臀比。

（2）**测试器材**：刻度皮尺。

（3）**测试步骤与要求：**

分别对腰围与臀围进行测试，腰臀比 = 腰围 / 臀围，亚洲男性平均为 0.81，亚洲女性平均为 0.73；欧美男性平均为 0.85，欧美女性平均为 0.75。腰臀比平均值男性明显大于女性，也就是说，女性腰更细。

（4）**数据记录：**

记录 3 次测试中的平均数值。

（5）**注意事项：**

与腰围与臀围注意事项相同。

（6）**解读与分析：**

健康风险随腰臀比增加而增加，也因年龄和性别而有所区别。男性和女性在各年龄阶段的腰臀比对应的健康风险分级。世界卫生组织 (WHO) 推荐的腰臀比分界值是男性 0.9，女性 0.85。腰臀比大于这个值时就说明是肥胖，需要注意减少内脏脂肪。年轻男性和女性腰臀比分别超过 0.95 和 0.86 时健康风险极高，而对于 60~69 岁的人群，男性和女性腰臀比分别超过 1.03 和 0.9 时与年轻人具有相同的极高风险水平，腰臀比每增加 0.1 个单位，死亡风险会增加 20%，这种关联性在女性中的表现更强。

子任务三　身体成分测量

身体成分的测量包括骨骼肌、脂肪、多种有机物和无机盐成分。各类体成分正常的数量和分布不影响体质的强弱，但异常的数量变化和分布会对人体的健康产生不利影响。因此，身体成分是与健康相关的体质评价指标之一，可以检测该受试者的身体脂肪百分比，生长发育，反映人的营养状况和体质水平。

1. 皮褶厚度测量

随着人年龄的变化，体质也会出现一些规律性的变化。不同人群，由其遗传、年龄、种族、饮食习惯、运动项目、生活环境等不同，体脂分布及其体重百分比均有可能呈现出各自的特点，对判断人体的营养状况具有重要意义。正常情况下，同年龄女性皮下脂肪多于男性，同性别的年轻人皮下脂肪多于老年人。

（1）**测试目的：**测量人体脂肪含量。

（2）**测试器材：**皮褶厚度卡钳和标尺。

卡钳使用前校准：测量前应先校准卡钳，将砝码挂于钳口处，调整指针至带有红色标记刻度的15~25mm 范围之内。每次测量前需将指针调到零点，卡钳压强应该保持在 $10g/mm^2$，面积约为 $20\sim40mm^2$（图 2-1-3-1）。

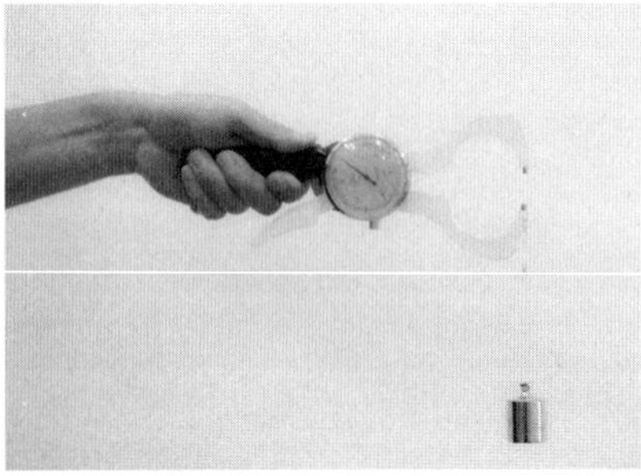

图 2-1-3-1　卡钳测量的示意

卡钳的校准

（3）**测量部位与图示：**

腹部：皮褶垂直走向，位于肚脐的右侧 2cm 处，垂直捏起皮褶（图 2-1-3-2）。

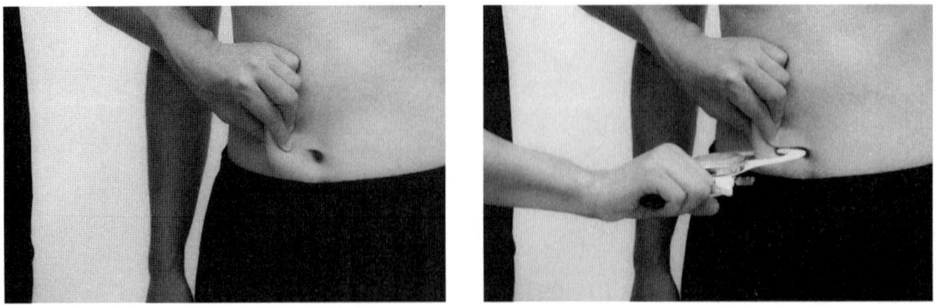

①　②

图 2-1-3-2　腹部皮褶测量

腹部皮褶测量

胸部：皮褶斜行走向，男性在腋前线和乳头的二分之一处；女性在腋前线和乳头连线的中外三分之一处（图 2–1–3–3）。

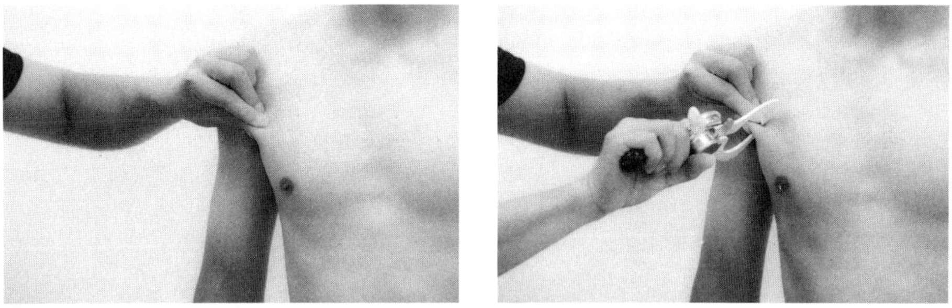

①　②

胸部皮褶测量

图 2–1–3–3　胸部皮褶测量

肱二头肌：皮褶垂直走向，在手臂肱二头肌肌腹中部（图 2–1–3–4）。

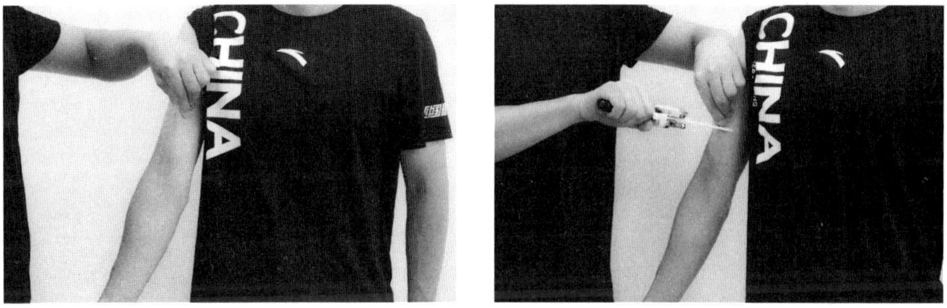

①　②

肱二头肌皮褶测量

图 2–1–3–4　肱二头肌皮褶测量

肱三头肌：皮褶垂直走向，手臂自然下垂于体侧，在上臂后侧的肩峰与鹰嘴的中点处测量（图 2–1–3–5）。

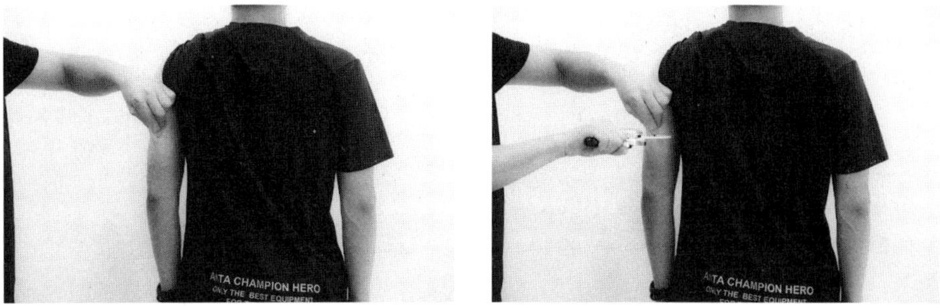

①　②

肱三头肌皮褶测量

图 2–1–3–5　肱三头肌皮褶测量

肩胛下角：皮褶斜行 45° ，在肩胛下角 1~2cm 处测量（图 2-1-3-6）。

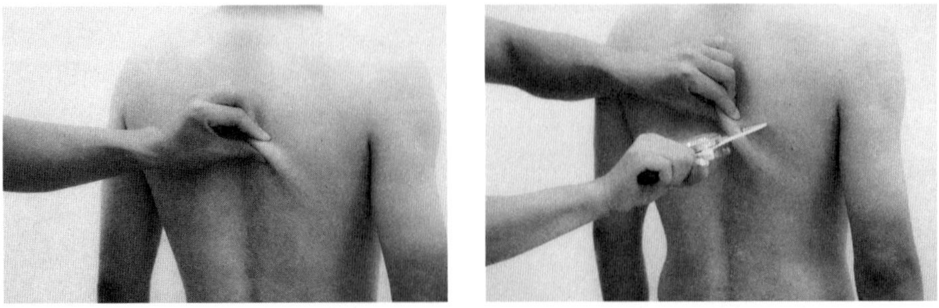

肩胛下角
皮褶测量

① ②

图 2-1-3-6 肩胛下角皮褶测量

腋部：皮褶垂直走向，在腋中线和胸骨剑突水平线交界处测量（图 2-1-3-7）。

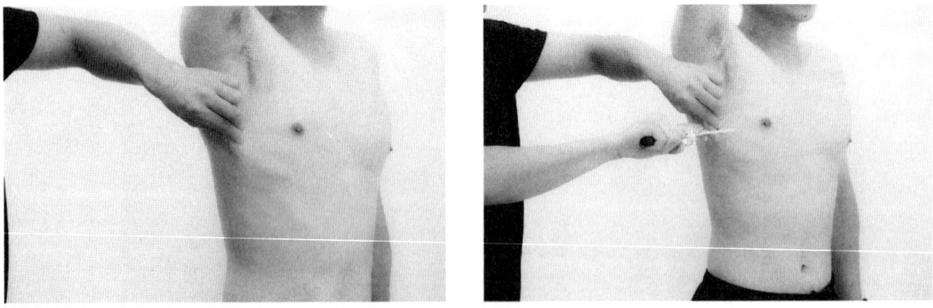

腋部皮褶
测量

① ②

图 2-1-3-7 腋部皮褶测量

髂前上棘：皮褶斜行走向，从腋前线经过髂前上棘的上部，沿髂骨骨翼自然走行处测量（图 2-1-3-8）。

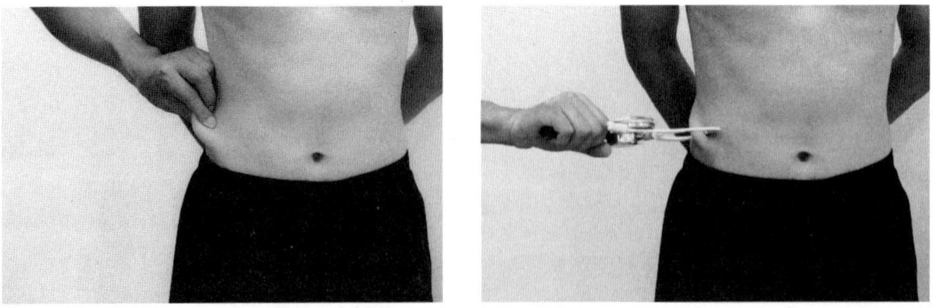

髂前上棘
皮褶测量

① ②

图 2-1-3-8 髂前上棘皮褶测量

大腿：皮褶垂直走向，髌骨上缘和腹股沟连接点的大腿前面正中点测量（图 2-1-3-9）。

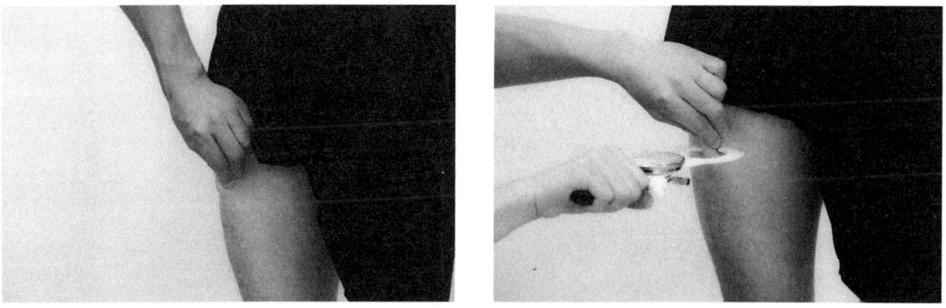

①　　②

大腿皮褶测量

图 2-1-3-9　大腿皮褶测量

小腿：皮褶垂直走向，在小腿最大粗隆处中线内测量（图 2-1-3-10）。

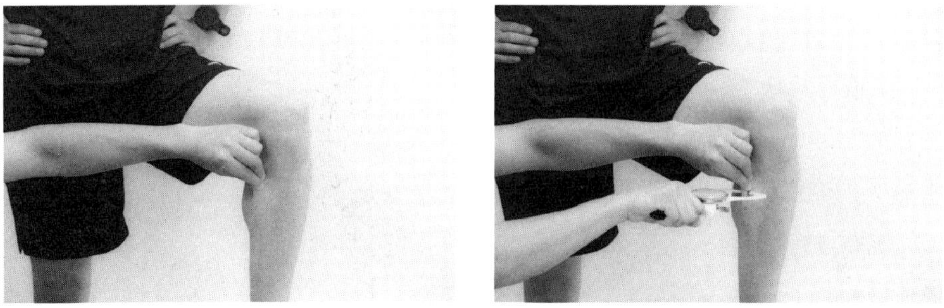

①　　②

小腿皮褶测量

图 2-1-3-10　小腿皮褶测量

（4）**测试步骤与要求：**

测试员选择测量点，用左手的食指、拇指和中指将皮褶捏起，右手持皮褶厚度卡钳，卡钳在捏起的皮褶部位的下方大约 1cm 处，等待指针停稳后，立即读取并记录测量数据，每个部位测量 3 次，取平均值或中间值，在 3 次测量过程中任何 2 次测量不得超过 5% 的误差，以毫米为单位，取小数点后一位记录准确数据。

（5）**数据记录：**

记录 3 次测试中的平均数值。

（6）**注意事项：**

① 所有测试员站在受试者的右侧进行，受试者呈直立位。

② 读取数据时捏住的皮褶不能松开。

③ 更换测量点时需让皮肤充分恢复正常纹理和厚度。

④ 被测者穿着薄内衣，尽量暴露被测量部位，男女受试者应该分室进行测量。

（7）**解读与分析：**

① 男性计算公式。

七点法（胸部、腋部、肱三头肌、肩胛下、腹部、髂前上棘、大腿）：

身体密度 =1.112–0.00043499×（7 处皮褶厚度之和）+0.00000055（7 处皮褶厚度之和）^{2}–0.00028826× 年龄

三点法（胸部、腹部、大腿）：

身体密度 =1.10938–0.0008267×（3 处皮褶厚度之和）+0.0000016×（3 处皮褶厚度之和）^{2}–0.0002574× 年龄

三点法（胸部、肱三头肌、肩胛下）：

身体密度 =1.1125025–0.0013125×（3 处皮褶厚度之和）+0.0000055+（3 处皮褶厚度之和）^{2}–0.000244× 年龄

② 女性计算公式。

七点法（胸部、腋部、肱三头肌、肩胛下、腹部、髂前上棘、大腿）：

身体密度 =1.097–0.00046971×（7 处皮褶厚度之和）+0.00000056×（7 处皮褶厚度之和）^{2}–0.00012828× 年龄

三点法（肱三头肌、髂前上棘、大腿）：

身体密度 =1.099421–0.0009929×（3 处皮褶厚度之和）+0.0000023（3 处皮褶厚度之和）^{2}–0.0001392× 年龄

三点法（肱三头肌、髂前上棘、腹部）：

身体密度 =1.089733–0.0009245×（3 处皮褶厚度之和）+0.0000025（3 处皮褶厚度之和）^{2}–0.0000979× 年龄

按照上述公式计算出人体密度后，代入 Siri 或 Brozek 的回归方程，计算身体的体脂率。

Siri 的方程：$(4.95/B_d-4.50)\times 100$

Brozek 的方程：$(4.57/B_d-4.142)\times 100$

B_d 即为上述公式的身体密度。

2. 生物电阻抗法

生物电阻抗法（Bio-electrical Impedance Analysis，BIA）是一种利用生物组织和器官的一些电特征及其变化规律来测试身体组成的方法，将微弱的交流电信号导入人体时，电流会伴随着电阻小、传导性能好的体液而流失。水分的多少决定了电流通过的宽度，这可以叫作阻抗的测试值表示，但阻抗和电阻的值，在人体中紧紧相差 2~3Ω，由于这样的阻值差可以被忽略掉，因此在生物体电阻抗法中，可以用电阻值来代替阻抗。测试电阻计算出人体构成成分的一般原理是通过利用人体成分与身高成正比，与人体阻抗 R 成反比推算出，电流经过导体时，导体的电阻与导体长度成正比，与横截面积成反比，也就是说导体的体积可以用体积的长度和电阻的函数来表示。是一种利用生物组织与器官的电特性及其变化规律提取与人体身体成分的方法。在人体中，导体的体积可以看作人体水分。

（1）**测试目的：**测量身体成分。

（2）**测试器材：**生物电阻抗体成分仪。

（3）**测试步骤与要求：**

根据生物电阻抗分析设备的提示，输入受试者的个人信息，通常包括年龄、身高、体重和体力活动水平；然后受试者脱掉鞋子和袜子，并取下身体上的所有金属物品；踏上平台，自然站立，双脚、双手放在不锈钢电极上，平静呼吸，保持不动，等待测试完成（图 2–1–3–11）。

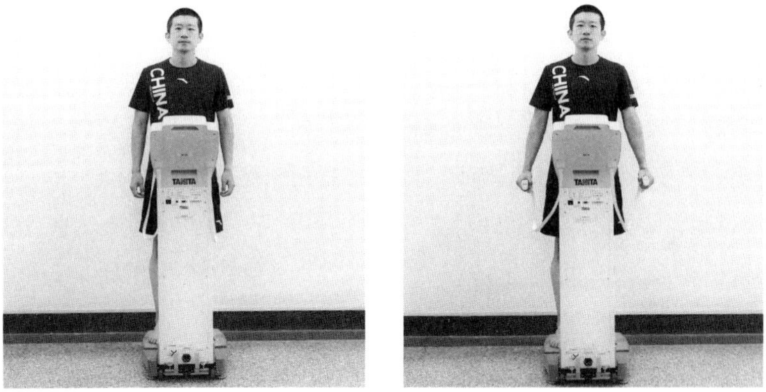

① ②

图 2–1–3–11 生物电阻抗测试

（4）**数据记录：**

测试员记录受试者的相关信息。

（5）**注意事项：**

① 受试者在评估前 6h 左右不能进食及剧烈运动，保持身体水分充足。

② 在测试前受试者暂时清空膀胱。

③ 每次测试完后测试员需清洁处理电极表面。

（6）**解读与分析：**

生物电阻具有测试结果精确、操作简便、安全无创、成本低、多用途等优点，但也有一定的局限性，如容易受体液变化（饮水、膳食、腹泻）及运动等影响。生物电阻抗分析是通过设备内部转换后直接得出相应结果，不需要带入额外的计算公式。在极瘦或肥胖的个体中，通过该设备测试出来的体脂百分比与使用金标准计算出的结果存在一定的差距，在这种情况下，可以先用皮褶评估部分列出来的方法确定脂肪量和去脂体重，再根据此设备估算出体脂百分比。

3. 双能量 X 射线吸收法

双能量 X 射线吸收法（Dual Energy X-ray Absorptiometry，DXA），是一种深受大众欢迎的测量身体成分的方法，它可以测量体脂百分比，还能够测量全身和局部的骨密度、脂肪含量及瘦体重。这一测试方法最初是用于人体矿含量的测量，现如今用于测定全身的体脂重（Fat Mass，FM）和去脂体重（Fat Free Mass，FFM）。它的原理是应用两种能透过机体的不同能量的光子，通过不同的密度组织后，其衰减光子能量的程度不同。记录这两种不同光子能量被不同组织衰减的程度就可以计算出各种组织的人体组织的含量，即可获得体脂量、骨密度和脂肪分布情况。

（1）**测试目的**：测量身体成分。

（2）**测试器材**：双能量 X 射线体成分仪。

（3）**测试步骤与要求**：

受试者身着短裤和 T 恤衫，务必摘掉金属物品。测试员将受试者的个人信息输入到计算机中，受试者仰卧于扫描床上，将身体固定且位于线框中间，并与中央分界线对齐。受试者双手放在扫描床上，若有需要可放置于臀部下方，双腿分别放置于中央分界线的两侧，并固定好膝关节和脚，保证身体移动性最小，同时可以使受试者在测试过程中保持轻松。测试完成后，测试员记录受试者的相关信息，受试者离开测试台。测试员记录的报告结果包括头部、躯干、上肢、下肢及全身的骨密度、瘦体重和体脂百分比。

（4）**数据记录**：

测试员记录受试者的相关信息。

（5）**注意事项**：

① 扫描过程中，受试者需保持不动，以免出现错误和危险。

② 使用前先对设备进行校准，符合标准后才能够使用。

③ 应将受试者放置于设备的规定线框中进行测试。

④ 设备开始工作，受试者保持不动，扫描全身大概需 25 分钟左右。

⑤ 该测试不适合体型过大的人员。

⑥ 测试设备昂贵，不易普及，对测试员的技术要求很高。

小　结

身体测量和身体成分测量，可以量化人体的各个方面指标，还可以反映人体内部成分结构比例特征。通过对身高、体重、身体指数测试可以分析出身体是否处在一个正常水平；通过对围度和身体成分测量，可以得出身体某一部位的脂肪分布，反映受试者的营养状况和体质水平。

实践作业

1. 掌握如何独立使用身高测量仪对受试者进行精确的测试。
2. 掌握如何利用刻度皮尺独立测试身体的围度。
3. 掌握如何利用皮褶钳互相进行人体皮褶部位厚度测试。

作业与思考

1. 腰臀比是什么？在体育锻炼中有何意义？
2. 身体成分测量有哪些测试方法？

任务二　功能性动作筛查

功能性动作筛查 (Functional Movement Screen，FMS) 原本是用于给美国高中运动员完成相应动作能力进行评分评级的一套评估系统，之后经过了两年的改进，创始人 Gray Cook 与 Lee Burton 认为这套测试的应用范围超出了原有的意图，在 1998 年正式推出了改良后的功能性动作筛查（FMS）系统。

功能性动作筛查（FMS）由七个测试动作组成，其既不是训练手段，也不是竞争手段，仅是一种用于为动作评分和评级的工具。在实际的操作过程中，10 分钟便能完成测试，该测试需要受试者达到灵活性和稳定性的平衡状态，每个所采用的动作模式均为基本的可测量动作，旨在要求受试者展现其最真实的灵活性与稳定性。当测试结束后，测试人员可以找出受试者动作模式中的薄弱环节（如不平衡性、不对称性与受限关节等），从而制订有针对性的纠正训练方案，改善受试者的薄弱环节，降低损伤风险。

功能性动作筛查的目的是使用简单易行的评分系统来评价受试者完成动作模式的质量，而非测量或诊断某一关节的运动功能。在筛查初期不应该过多看重独立动作，因为人体的构造是非常复杂的，如果只是针对某一动作进行测评，那么就会影响整体的评价效果。

子任务一　功能性动作筛查的准备与要求

功能性动作筛查在前期的准备工作包括：了解体表骨性结构标志、器材准备，熟悉操作要求、评分规则，了解筛查操作顺序等。

1. 骨骼结构与体表标志

（1）胫骨粗隆：在膝关节前面下方的皮下隆起处，用手可以触及，屈膝姿势下更为明显。

（2）髂前上棘：髂嵴的前端。

（3）内踝和外踝：内踝指胫骨下端内侧突出部位；外踝指腓骨下端突出部位。

（4）远侧腕褶痕：自手指向身体方向最远的腕部褶痕。

（5）膝关节线：髌骨上缘和髌尖的中线。

2. 测试所需器材

测试所需器材包括：①一根 1.2m 的长杆；②两根短杆；③一块 1.8m × 0.6m 尺寸的测试板；④一条弹力绳。

3. 测试员的观察位置

在测试过程中，测试员需要不断地调整站位，以便更好地观察受试者的动作模式，给出准确的评分。良好的站位需要注意以下两点。

（1）距离：测试员要把握好距离，以此来观察受试者的整体。切记不能因为距离的原因而只观察某个区域。

（2）位置：受试者每个动作可以测试三次，因此在测试过程中，为了保证评分的准确性，测试员可根据测试内容，在受试者的侧面、前面进行观察。

4. 基本评分规则

功能性动作筛查（FMS）评分分为四个等级，从 0 分到 3 分，3 分为最高分。

① 0 分：测试中任何部位出现疼痛。

② 1 分：受试者无法完成整个动作模式。

③ 2 分：受试者能够完成整个动作，但完成的质量不高。

④ 3 分：受试者能高质量地完成动作。

5. 功能性动作筛查的执行顺序

① 深蹲；
② 跨栏步；
③ 直线弓步蹲（踝关节排除测试）；
④ 肩部灵活性（肩部排除测试）；
⑤ 主动直腿上抬；
⑥ 躯干稳定俯卧撑（脊柱伸展排除测试）；
⑦ 旋转稳定性（脊柱屈曲排除测试）。

子任务二 功能性动作筛查（FMS）测试方法

功能性动作筛查包括 7 个动作测试，分别是深蹲测试、跨栏步测试、直线弓步蹲测试、肩部灵活性测试、主动直腿上抬测试、躯干稳定俯卧撑测试和旋转稳定性测试。

1. 深蹲

深蹲

（1）**测试目的：**评估受试者身体两侧的对称性，以及肩、髋、膝、踝关节的灵活性和稳定性。

（2）**测试步骤与要求：**

① 站姿，双脚内侧置于双肩外侧垂直位置上，脚尖朝前。

② 双手握住长杆，屈肘 90° 置于头上（图 2-2-2-1 ①）。

③ 伸直手臂，将长杆举至头顶正上方（图 2-2-2-1 ②）。

④ 受试者屈髋屈膝，匀速下蹲。

⑤ 蹲到最低点时保持 1 秒，然后回到起始姿势，记作 1 次。如有需要，受试者有三次完成动作的机会。

⑥ 如果未达到 3 分，则将测试板垫在受试者的脚跟下，让受试者再重复上述操作。

⑦ 该测试动作结束后，询问受试者在该测试过程中是否有疼痛现象。如果有疼痛，最终评分则记为 0 分。

①

②

图 2-2-2-1 上肢动作

（3）**深蹲评分标准：**

3 分：躯干上部与胫骨平行；股骨低于水平线；膝盖在脚部正上方；长杆在脚部正上方（图 2–2–2–2）。

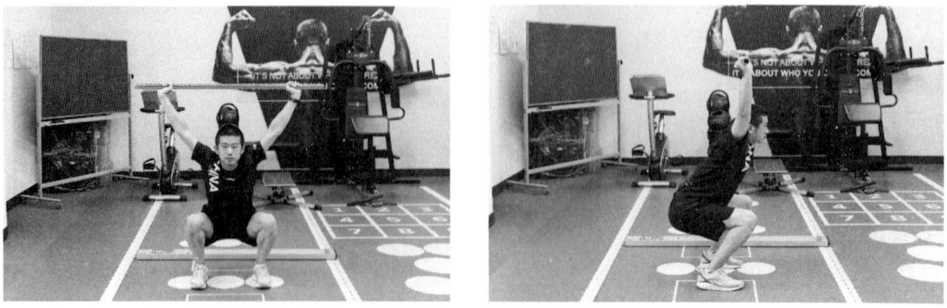

正面　　　　侧面

图 2–2–2–2　3 分深蹲

2 分：躯干上部与胫骨平行；股骨低于水平线；膝盖在脚部正上方；长杆在脚部正上方；脚跟抬高（图 2–2–2–3）。

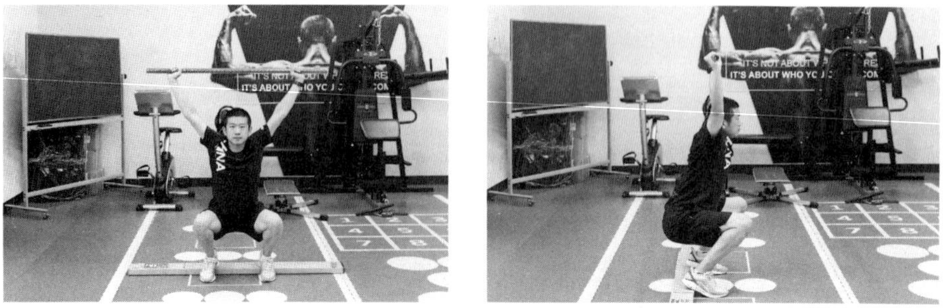

正面　　　　侧面

图 2–2–2–3　2 分深蹲

1 分：胫骨和躯干上部不平行；股骨没有低于水平线；膝盖没有在脚部正上方；长杆没有在脚部正上方（图 2–2–2–4）。

正面　　　　侧面

图 2–2–2–4　1 分深蹲

2. 跨栏步

跨栏步

（1）**测试目的：**评估受试者髋、膝、踝关节的灵活性与稳定性。

（2）**测试步骤与要求：**

① 测试开始时，首先要对受试者的胫骨长度进行测量，该长度是胫骨粗隆中点与地面的距离（图 2–2–2–5）。

② 将栏架的弹力绳调整至受试者胫骨粗隆中点的高度（图 2–2–2–6）。

③ 站姿，双脚并拢，脚尖轻触测试板。

④ 双手握住长杆，将长杆置于颈后肩部。

⑤ 受试者挺胸抬头，双眼目视前方，左腿支撑，维持身体稳定。右腿跨过栏架，并以脚跟触地，随后右腿回到起始位置（图 2–2–2–7~ 图 2–2–2–9）。

⑥ 每侧有三次测试机会，一侧完成换另外一侧。

⑦ 最终成绩记录两侧最低得分。

⑧ 该测试动作结束后，询问受试者测试过程中是否有疼痛的现象。如果有疼痛，最终评分则记为 0 分。

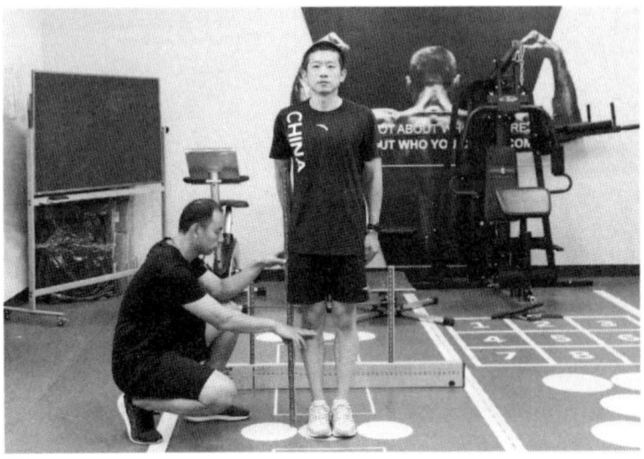

图 2–2–2–5　测量胫骨长度

图 2–2–2–6　调整弹力绳高度

（3）**跨栏步评分标准：**

3 分：髋、膝、踝关节在矢状面上保持平齐；腰椎没有移动；长杆和栏架保持平行（图 2–2–2–7）。

正面　　侧面

图 2–2–2–7　3 分支撑抬腿

2 分：髋、膝、踝关节在矢状面上保持平齐；腰椎移动；长杆和栏架没有保持平行（图 2–2–2–8）。

正面　　侧面

图 2–2–2–8　2 分膝关节外展

1 分：脚部触碰弹力绳；身体失去平衡（图 2–2–2–9）。

正面　　侧面

图 2–2–2–9　1 分身体明显前倾

3. 直线弓步蹲

直线弓步蹲

（1）**测试目的：** 评估受试者髋、膝、踝的灵活性和稳定性，同时考验背阔肌和股四头肌的柔韧性。

（2）**测试步骤与要求：**

① 测试开始时，先对受试者的胫骨长度进行测量，该长度是胫骨粗隆中点与地面的距离（图 2–2–2–10）。

② 右脚踩在测试板上，并使脚尖处在测试板零刻度以后。

③ 左脚向前跨出，左脚足跟根据胫骨所测长度踩在测试板的相应刻度上。

④ 受试者将长杆置于身后。右手在颈部后侧（手背向外）握住长杆，左手在腰部后侧（手背向里）握住长杆（图 2–2–2–11）。

⑤ 保持身体正直，让长杆始终与头部、上背部、臀部接触。屈髋屈膝下蹲，使右膝置于左脚脚跟后侧并轻触测试板，然后回到起始姿势。（图 2–2–2–12~ 图 2–2–2–14）。

⑥ 每侧有三次测试机会，一侧完成换另外一侧。

⑦ 最终成绩记录两侧最低得分。

⑧ 该测试动作结束后，询问受试者过程中是否有疼痛现象。如果有疼痛，最终评分则记为 0 分。

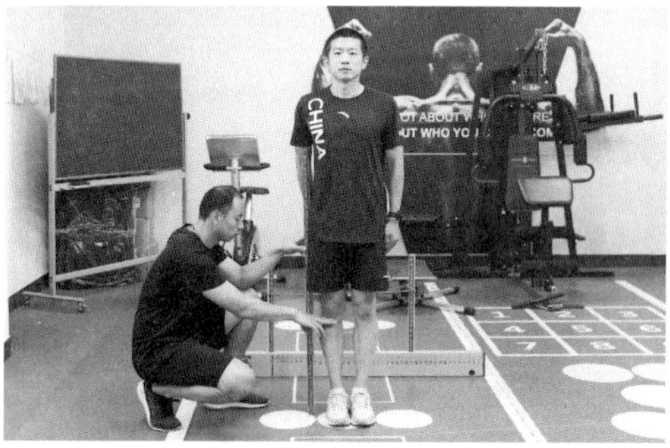

图 2–2–2–10　测量胫骨长度

图 2–2–2–11　准备姿势

（3）直线弓步蹲评分标准：

3 分：长杆始终与头、腰椎和骶骨接触；躯干没有明显移动；长杆和双脚保持在同一矢状面；后腿膝关节接触测试板（图 2-2-2-12）。

正面　　侧面

图 2-2-2-12　3 分跪姿下蹲

2 分：长杆不能始终与头、腰椎和骶骨保持接触；可以观察到躯干移动；两脚没有处于同一矢状面；后腿膝关节未能接触测试板（图 2-2-2-13）。

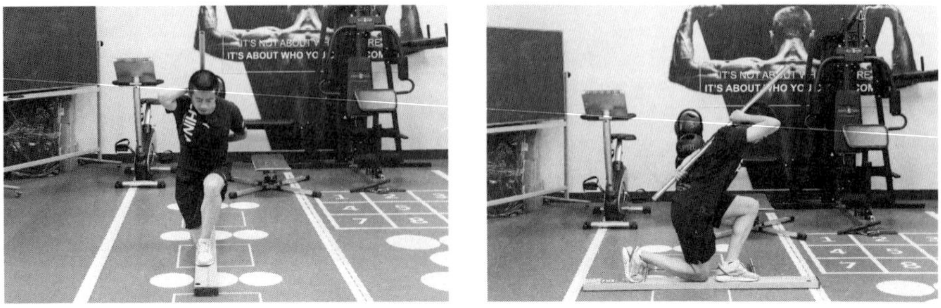

正面　　侧面

图 2-2-2-13　2 分躯干前倾

1 分：身体失去平衡（图 2-2-2-14）。

正面　　侧面

图 2-2-2-14　1 分失去平衡

※ 踝关节排除测试。

踝关节
排除测试

该动作主要目的是识别疼痛，其次是评估踝关节灵活性。

（1）**测试步骤与要求：**

① 在测试过程中受试者如果有疼痛需要告知测试员。

② 站姿，先将左脚外侧贴于测试板一侧，然后再将右脚置于左脚前侧，并紧贴测试板。此时受试者可使用长杆进行支撑来保持平衡（图 2-2-2-15）。

③ 屈髋屈膝，后腿最大幅地向前顶膝，双脚脚跟不能离地。

④ 受试者每侧至少进行三次踝关节排查测试，以确保测试结果的一致性。

（2）**动作评分：**

绿色：后腿膝盖超过前腿的内踝，这说明踝关节的活动度较好（图 2-2-2-16）。

黄色：后腿膝盖位于前腿内踝宽度内，这说明踝关节的活动度可能欠佳（图 2-2-2-17）。

红色：后腿膝盖处于前腿内踝的后方，这说明踝关节的活动度受限（图 2-2-2-18）。

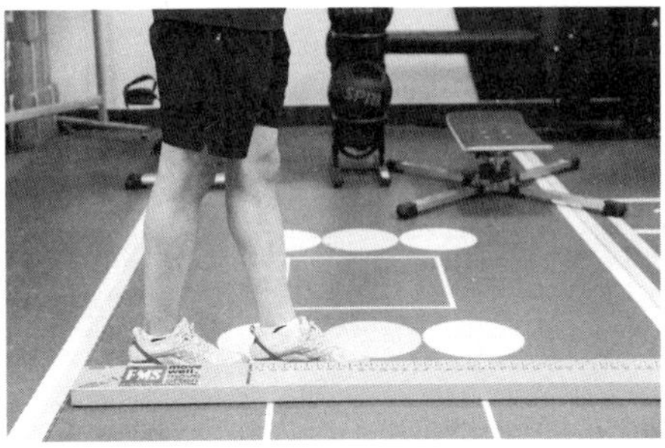

图 2-2-2-15 起始姿势

图 2-2-2-16 绿色

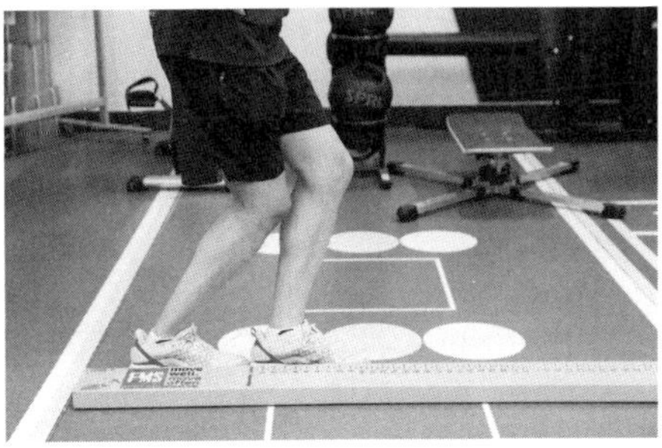

图 2-2-2-17 黄色

图 2-2-2-18 红色

4. 肩部灵活性

肩部
灵活性

（1）**测试目的：**评估肩胛骨的灵活性和胸椎的伸展能力。

（2）**测试步骤与要求：**

① 测量远侧腕褶痕至最长手指指尖的距离，确定受试者手掌长度（图 2–2–2–19）。

② 双脚并拢直立，四指握住大拇指，两臂侧平举（图 2–2–2–20）。

③ 两拳分别从颈后和腰骶逐渐靠近，然后测试两拳之间的距离。测试时需一次性到达最大范围，不能二次移动。

④ 每侧有三次测试机会，一侧完成换另外一侧。

⑤ 最终成绩记录两侧最低得分。

⑥ 该测试动作结束后，询问受试者过程中是否有疼痛现象。如果有疼痛，最终评分则记为 0 分。

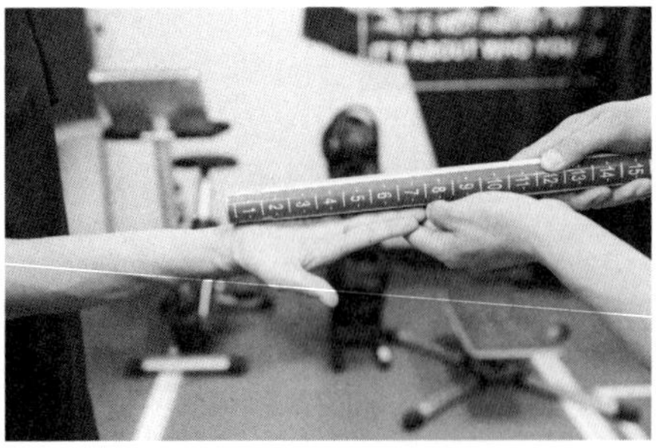

图 2–2–2–19　测量手掌长度

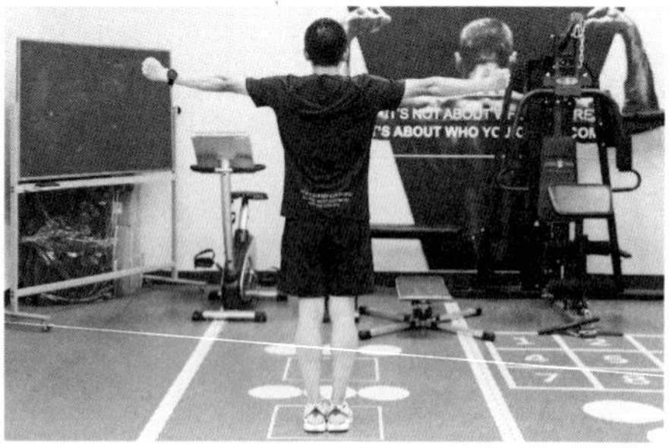

图 2–2–2–20　两臂侧平举

（3）**肩部灵活性评分标准：**

3 分：双拳之间的距离在一个手掌长度之内（图 2–2–2–21）。

2 分：双拳之间的距离在一个半手掌长度之内（图 2–2–2–22）。

图 2–2–2–21　3 分小于一掌长度

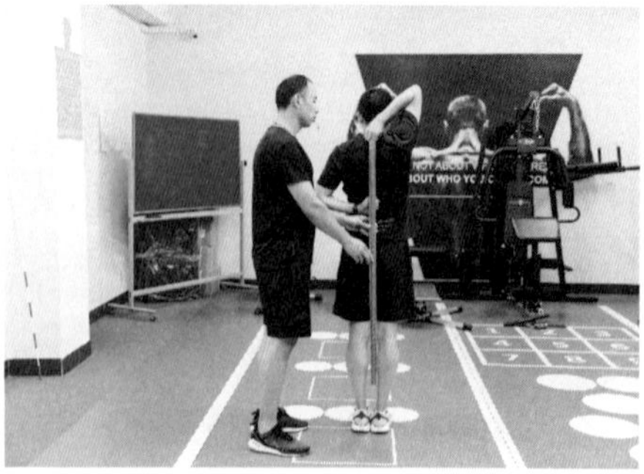

图 2–2–2–22　2 分小于 1.5 掌长度

1 分：双拳之间的距离不在一个半手掌长度之内。（图 2-2-2-23）

图 2-2-2-23　1 分小于 2 掌长度

※ 肩关节排除测试

肩关节排除测试

两侧肩关节都要进行排除测试，如果受试者任何一侧有疼痛，肩部灵活性的测试结果则记为 0 分，但测试员需要把肩部灵活性测试的评分进行记录。

（1）**测试步骤与要求：**

① 受试者双脚并拢直立，双臂自然下垂。

② 左手手掌放在右侧肩关节（图 2-2-2-24 ①）。

③ 保持手掌位置不动，将左肘尽可能向上抬起，观察受试者是否存在疼痛。然后换至对侧进行测试（图 2-2-2-24 ②）。

（2）**动作评分：**如果受试者感觉到疼痛，则在评分单上记录为阳性（+），并将整个肩部灵活性测试的评分记为 0 分。如果没有疼痛，则在评分单上记录为阴性（–）。

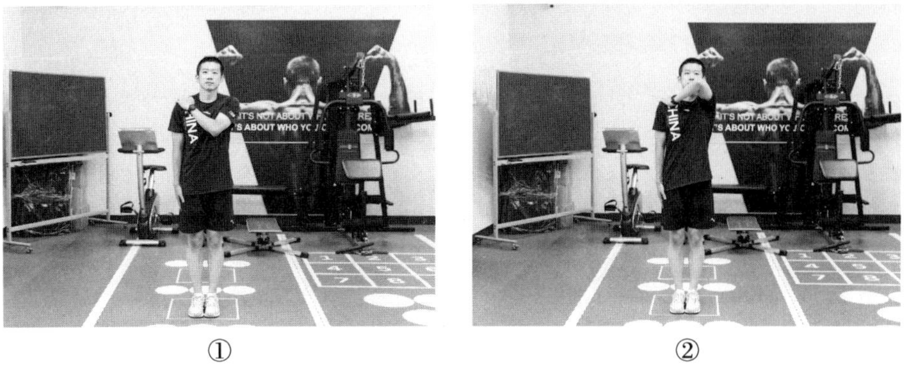

①　　②

图 2-2-2-24　肩关节排除测试

5. 主动直腿上抬

主动直腿上抬

（1）**测试目的**：评估受试者髋关节的屈曲能力以及后侧肌群的柔韧性。

（2）**测试步骤与要求**：

① 将长杆放置在髂前上棘和膝关节中线中间，与地面垂直（图 2-2-2-25）。

② 受试者平躺，将双膝压在测试板上，脚趾朝上（图 2-2-2-26）。

③ 双手置于身体两侧，并将掌心朝上。

④ 双腿保持直膝勾脚尖的姿势，一侧腿贴住测试板，另一侧腿直膝勾脚尖最大幅度抬腿，并记录测试成绩。

⑤ 每侧有三次测试机会，一侧完成换另外一侧。

⑥ 最终成绩记录两侧最低得分。

⑦ 该测试动作结束后，询问受试者过程中是否有疼痛现象。如果有疼痛，最终评分则记为 0 分。

图 2-2-2-25　测量髂前上棘和膝关节中线中间的位置

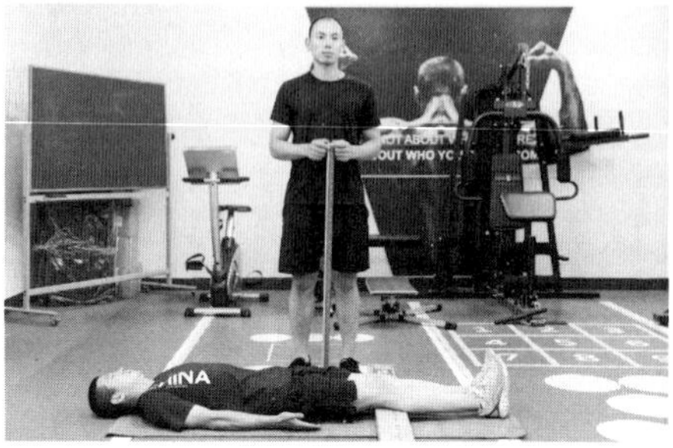

图 2-2-2-26　准备姿势

（3）**主动直腿上抬评分标准**：

3 分：踝骨的垂直线处于大腿中点到髂前上棘范围内，非测试腿保持自然姿势不动（图 2-2-2-27）。

图 2-2-2-27　3 分单腿直膝上举

2 分：踝骨的垂直线处于大腿中点到膝关节关节线范围内，非测试腿保持自然姿势不动（图 2–2–2–28）。

1 分：踝骨的垂直线处于膝关节关节线以下，非测试腿保持自然姿势不动（图 2–2–2–29）。

图 2–2–2–28　2 分单腿直膝上举

图 2–2–2–29　1 分未超过标志线

6. 躯干稳定俯卧撑

躯干稳定俯卧撑

（1）**测试目的：**该测试不仅能很好地反映受试者的核心稳定性，还能准确的评估受试者在上身闭合运动链中，脊柱能否稳定在同一矢状面的能力。

（2）**测试步骤与要求**

① 受试者呈俯卧位，双手撑地拇指相对，虎口位置与两侧肩峰同宽。

② 双手下移，使拇指与额头（男性）或下颌（女性）平齐（图 2–2–2–30~ 图 2–2–2–33）。

③双腿并拢膝关节伸直，双肘抬离地面。

④保持躯干稳定，将身体推起完成一个标准的俯卧撑动作。

图 2–2–2–30　拇指与额头平齐

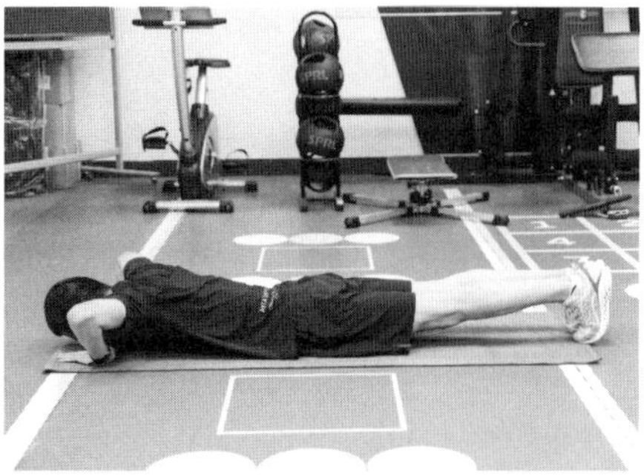

图 2–2–2–31　拇指与下颌平齐

（3）**躯干稳定俯卧撑评分标准：**

3 分：男性拇指和前额顶端（发际线）保持一线，可以完成俯卧撑动作一次（图 2-2-2-32）；女性拇指和下颌保持一线，可以完成俯卧撑动作一次。全身一体，同时离开地面，脊柱部分没有凹陷动作发生。

图 2-2-2-32　3 分发际位置撑起

2 分：男性拇指和下颌保持一线，可以完成俯卧撑动作一次（图 2-2-2-33）；女性拇指和锁骨保持一线，可以完成俯卧撑动作一次全身一体，同时离开地面，脊柱部分没有凹陷动作发生。

图 2-2-2-33　2 分下颌位置撑起

1 分：男性拇指和下颌保持一线，不能完成俯卧撑动作一次（图 2-2-2-34）；女性拇指和锁骨保持一线，不能完成俯卧撑动作一次。

图 2-2-2-34　1 分下颌位置撑起
（未完成标准动作）

※ **脊柱伸展排除测试**。

脊柱伸展排除测试

如果受试者能够完成将双手置于肩关节下方并把上肢推离地面的动作，就可以排除脊柱伸展障碍的问题。

（1）**测试步骤与要求**：

① 受试者俯卧，双手置于肩关节下方（图 2–2–2–35 ①）。

② 下肢保持不动，上肢双臂缓慢伸直，使躯干远离地面（图 2–2–2–35 ②）。

（2）**动作评分**：

如果受试者感觉到疼痛，则在评分单上记录为阳性（+），并将整个肩部灵活性测试的评分记为 0 分。如果没有疼痛，则在评分单上记录为阴性（–）。

①

②

图 2–2–2–35　脊柱伸展排除测试

7. 旋转稳定性

旋转
稳定性

（1）**测试目的：**评估受试者上肢和下肢同时运动时躯干多方位的稳定性。

（2）**测试步骤与要求：**

① 受试者跪撑，双手、双膝、双脚着地并贴住测试板。

② 双手位于肩关节下方，膝关节位于臀部下方，脚趾指向后方（图 2–2–2–36）。

③ 移动和抬起同一侧的手臂和腿。

④ 在不落地的情况下，用手触碰同侧脚踝的外侧。

⑤ 手臂和腿部向两端充分伸展。

⑥ 将手再次触碰脚踝外侧，回到起始姿势。

⑦ 每侧有三次测试机会，一侧完成换另外一侧。

⑧ 最终成绩记录两侧最低得分。

⑨ 该测试动作结束后，询问受试者过程中是否有疼痛现象。如果有疼痛，最终评分则记为 0 分。

图 2–2–2–36　准备姿势

（3）**旋转稳定性评分标准：**

3 分：同侧手和膝关节能同时离开地面；手触碰脚踝外侧（图 2–2–2–37）；肘关节与膝关节能充分伸展（图 2–2–2–38）；能正确完成这个动作模式。

图 2–2–2–37　3 分同侧手触碰踝关节

图 2–2–2–38　3 分同侧手脚向两端伸展

2 分：同侧手和膝关节没有同时离开地面，不能完成同侧手触碰踝关节的正确动作模式（图 2–2–2–39）；无法保持手臂、腿与板的平行移动，不能完成同侧手脚向两端伸展的正确动作模式（图 2–2–2–40）；在该动作过程中出现代偿动作。

图 2–2–2–39 2 分不能完成同侧手触碰踝关节的正确动作模式

图 2–2–2–40 2 分不能完成同侧手脚向两端伸展的正确动作模式

1 分：进行同侧手触碰踝关节时失去平衡（图 2–2–2–41）；进行同侧手脚向两端伸展时失去平衡（图 2–2–2–42）。无法完成该测试动作。

图 2–2–2–41 1 分同侧手触碰踝关节时失去平衡

图 2–2–2–42 1 分同侧手脚向两端伸展时失去平衡

※ **脊椎屈曲排除测试**。

脊柱屈曲
排除测试

如在四肢着地的情况下，能够将重心后移，使臀部接触脚跟，胸部接触大腿，双手向前直伸，就可排除脊椎弯曲障碍。如果在该动作过程中有痛感，旋转稳定性测试则为 0 分，测试员应把之前的分数备案。受试者需要进行全面检查或者转给专业人员处理。

（1）**测试步骤与要求**：

① 跪撑，四肢着地，将髋部向脚跟移动。

② 胸部缓慢下沉尽量贴近大腿，双手尽可能向身体前方伸展（图 2-2-2-43）。

（2）**动作评分**：

如果受试者感觉到疼痛，则在评分单上记录为阳性（+），并将整个肩部灵活性测试的评分记为 0 分。如果没有疼痛，则在评分单上记录为阴性（–）。

图 2-2-2-43　脊椎屈曲排除测试

[附] 功能性动作筛查测试记录表

姓名：______ 出生年月：______ 测试日期：______

身高：______ 体重：______ 年龄：______ 性别：______

主要活动：______ 主要目标：______

惯用手/腿：______ 先前测试评分：______

运动项目：______ 既往病史：______

序号	测试		原始评分	最终评分	评述
测试 1	深蹲				
测试 2	跨栏步	左			
		右			
测试 3	直线弓步蹲	左			
		右			
排除性测试 1	踝关节排除测试	左 +/-			
		右 +/-			
	踝关节活动度测试（绿色—黄色—红色）	左			
		右			
测试 4	肩部灵活性	左			
		右			
排除性测试 2	肩部排除测试	左 +/-			
		右 +/-			
测试 5	主动直腿上抬	左			
		右			
测试 6	躯干稳定俯卧撑				
排除性测试 3	脊柱伸展排除测试	+/-			
测试 7	旋转稳定性	左			
		右			
排除性测试 4	脊柱屈曲排除测试	+/-			
总 分					

子任务三　功能性动作筛查评分

功能性动作筛查评分前首先需要了解测试结果的评分标准，其次要懂得测试结果的优先级排序。

1. 测试结果评分标准

① 在测试前可以对受试者讲解测试动作，但是没必要将评分细则告诉受试者。

② 在进行如“肩关节灵活性”这种左、右侧的测试时，测试的最终评分记两侧评分中的最低分(例如：左侧 3 分，右侧 1 分，那么该项测试的最终评分记为 1 分。)

③ 在进行直线弓箭步、肩部灵活性、躯干稳定俯卧撑、旋转稳定的测试后，还需要进行各自的排除性测试，如果有疼痛，那么该动作最终评分记为 0 分。

④ 当七个测试动作的总分小于或等于 13 分时，应建议受试者进行物理治疗或医学检测。

⑤ 对测试结果给出相应的评价 。

2. 优先等级问题排序

（1）评分优先等级排序。

解决问题的优先次序按照最紧急的问题到最不紧急的问题进行了自上而下的排序。

① 0 分（出现疼痛）;

② 左右侧得分不对称，最终评分为 1 分（如右 1 分，左 3 分或左 1 分，右 3 分）;

③ 左右侧得分不对称，最终评分为 1 分（如右 1 分，左 2 分或左 1 分，右 2 分）;

④ 独立动作，最终评分为 1 分（如深蹲）;

⑤ 得分对称，最终评分为 1 分（如躯干稳定俯卧撑、旋转稳定性）;

⑥ 得分不对称，最终评分为 2 分（如右 2 分，左 3 分或左 2 分，右 3 分）;

⑦ 独立动作，最终评分为 2 分;

⑧ 得分对称，最终评分为 2 分（如躯干稳定俯卧撑、旋转稳定性）;

⑨ 最终评分为 3 分（独立或双侧动作）。

（2）动作优先等级排序。

在评分优先等级的基础上运用动作优先等级对测试的结果可进行二次排序，以此来解决受试者的主要问题，改善其薄弱环节，降低损伤风险。动作功能障碍关注顺序如下。

① 主动直腿上抬；

② 肩部灵活性；

③ 旋转稳定；

④ 躯干稳定俯卧撑；

⑤ 跨栏步；

⑥ 直线弓步蹲；

⑦ 深蹲。

小 结

功能性动作筛查（FMS）作为一种测试工具，可以通过 7 个动作测试与 4 个排除测试的完成质量来了解受试者的基本动作、动作模式中的运动神经控制和基础运动能力三个方面的信息，然后判断受试者是否有薄弱环节，一旦发现，可对其错误的动作模式设计出纠正性训练方案，重塑正确动作模式，降低损伤风险。

实践作业

1. 请你作为一名受试者,并找一名测试员为你进行功能性动作筛查(FMS)测试。

2. 请你作为一名测试员，并对一名受试者进行功能性动作筛查（FMS）测试与评估。

作业与思考

1. 功能性动作筛查（FMS）的基本评分规则是什么？

2. 在功能性动作筛查（FMS）测试中，哪些测试有排除性测试？哪些测试没有排除性测试？

项目三 灵活性与柔韧性测试与评估

很多运动项目要想提高运动表现，运动幅度的提高是不可缺少的，而运动幅度的提高离不开灵活性的改善，二者是人体运动表现中重要的素质之一。很多项目的运动员也需要良好的灵活性与柔韧性，例如：田径、武术、艺术体操、竞技体操、花样滑冰、跳水、散打、跆拳道等。良好的柔韧性不仅可以提升运动幅度，还可以降低运动损伤的风险。因此，通过灵活性与柔韧测试找出身体上受限关节，针对性地进行训练，对于提高运动竞技水平具有极为重要的意义。

【学习任务与学习目标】

· 学习任务

1. 同学之间相互测试完成灵活性与柔韧性的不同的测试方法。
2. 能正确使用不同器材完成灵活性与柔韧性的测试方法实操。

· 学习目标

知识目标：

通过本项目的学习，学生了解灵活性与柔韧性在运动中的重要性；理解影响灵活性与柔韧性的相关因素以及测试的相关原理；掌握灵活性与柔韧性测试的具体要求以及注意事项。

能力目标：

通过本项目的学习，学生能相互之间完成灵活性与柔韧性的测试；能在测试中即时发现和纠正灵活性与柔韧性测试评估中出现的问题；且能对评价标准数据进行分析解读。

素养目标：

通过本项目的学习，培养学生良好的体育职业规范、精益求精的工匠精神、认真严谨的训练学习态度和对职业的认同感。

任务一　灵活性与柔韧性相关知识认知

一、灵活性与柔韧性的定义

灵活性指由关节的结构所体现出的活动范围及在此范围内活动的难易程度。柔韧性指与关节连接的肌肉、筋膜和韧带等组织的延展性。在体育运动中，良好的柔韧性和灵活性对运动员运动水平提升有积极作用，但柔韧性不足就会影响动作技能的学习与掌握，也会阻碍力量、速度、协调、平衡能力的发展，并易造成运动损伤。灵活性不足会限制关节动作幅度，导致相邻关节出现代偿，从而影响运动模式。柔韧性和灵活性相辅相成的，缺一不可：肌肉弹性下降，柔韧性变差的同时，关节活动度也会下降，灵活性降低；关节灵活性下降，关节周围软组织（包括肌腱、韧带、关节囊）也会出现适应性改变，如肌肉弹性下降柔韧性降低。

二、灵活性与柔韧性的影响因素

灵活性受多方面因素的影响，有些因素由先天决定，通过后天干预也很难改变的，如人体的年龄、关节结构和性别等，而有些因素通过后天干预可以改善，如通过系统训练或外界环境温度升高，可提升结缔组织的延展性等。

柔韧性的好与坏取决于肌肉以及韧带的伸展性和弹性，同时，也与神经系统支配骨骼肌的机能状态，特别是中枢神经支配拮抗剂的协调能力，以及对肌肉收缩和舒张的调节能力有关。

（一）关节的形态结构特征

人体的关节形态结构决定它的活动的幅度和方向，关节的结构是由先天遗传决定的。例如：膝关节是由股骨、胫骨和髌骨构成，为人体最大且构造最复杂，属于滑车关节。膝关节在矢状面上只能做屈伸运动，并且能少许做旋内、旋外活动，不能进行大幅度旋内、旋外活动。人体柔韧性的发展只能在关节结构范围内发展，如果超过关节结构范围，容易降低关节稳定性，造成关节损伤。

（二）附着于关节周围软组织的伸展性

附着于关节周围软组织的伸展性与性别和年龄有关，一般女性柔韧性优于男性，青少年的柔韧性优于成年人。此外，肌肉中的本体感受器对关节周围肌肉和结缔组织伸展性有着重要的作用。运动过程中，肌肉被动拉长，使肌梭和腱梭都受到刺激，系统、科学的训练可以使其兴奋阈值发生适应性变化，这样就会使肌肉的伸展性发生变化。

（三）关节周围软组织的体积

关节周围软组织的体积是限制关节活动的重要因素。例如：腹部脂肪过多就会影响身体前屈的运动幅度，大臂肱二头肌过度肥大必然会影响肘关节的折叠幅度。然而日常训练过程中因肌肉紧张导致的体积增长是不可避免的。针对性地进行柔韧训练可以很好地解决关节活动幅度和肌肉因紧张而体积增加的矛盾，更好地提高运动技能水平。

（四）肌肥大导致人体的柔韧性降低

过多的力量训练会导致肌肉过于发达，如果再不对肌肉进行拉伸放松就会导致肌肉紧张而失去弹性，这样不仅限制关节的活动范围，还会影响肌肉的收缩速率，从而影响动作的爆发力。因此，设计力量训练方法一定要考虑项目特点，训练和比赛后针对性地进行拉伸练习对柔韧素质的提高，保持肌肉的功能良好，以及提高肌肉的收缩速率都是至关重要的。

（五）神经协调主动肌和拮抗肌的能力

关节活动幅度受限常常因拮抗肌群不能充分舒展。因此，改善肌群之间的协调性，特别是改善原动肌和拮抗肌之间的协调性是提升柔韧性的重要因素。

（六）肌肉力量不平衡造成协调性差

肌肉力量不平衡造成协调性差是导致动态柔韧性差的主要原因之一。原动肌力量不足而对拮抗肌力量过大；或者原动肌收缩时拮抗肌放松不及时都会影响动态柔韧性。例如：肘关节弯曲，肱二头肌收缩，肱三头肌舒展，但是当肱三头肌协调差时，不能同步舒张，就会导致肘关节收缩速率迟缓。因此，在进行柔韧性练习时应注意静态与动态柔韧性的差别，查明原因，有针对性地采取训练手段予以改进。

（七）遗传与个体差异

遗传因素是影响柔韧素质的重要原因之一，个体之间表现柔韧性能力差异很大。有些人天生柔韧素质很好，虽然他们不经常进行柔韧相关的训练，但是其表现出的柔韧素质能力却很强。另外，柔韧素质的可训练性也存在很大的个体差异。有些人很容易通过系统的训练来改善其柔韧素质，但是还有一些人虽然经过系统训练，但其柔韧素质的改善效果极其有限。

任务二　灵活性与柔韧性的测试方法与评估

灵活性和柔韧性是人体的重要素质，对于从事各种运动和日常活动都至关重要。灵活性是指关节可控的活动范围。柔韧性是指关节的最大活动范围。灵活性和柔韧性对于运动员来说非常重要。例如，跨栏运动员需要良好的柔韧性，以满足项目要求，其关节的活动范围比跑步运动员的关节活动范围要大的需求。如果运动员不具备好的骨骼肌的灵活性，将增加损伤的风险。因此，对灵活性和柔韧性的测试和评估是至关重要的。而本章则主要介绍灵活性和柔韧性的测评方法，分别是：关节活动度测试和肌肉长度。

子任务一　关节活动度测试（以肩关节和髋关节为例）

（一）肩关节活动度测试

1. 肩关节前屈

肩关节
前屈

（1）**测试目的：**测试肩关节前屈的活动幅度。

（2）**测试器材：**关节活动度测量尺。

（3）**测试步骤与要求：**

受试者自然站立，挺胸收腹，下颌微收，手臂自然伸直，双手手掌相对朝向身体。将量角器的轴心对准受试者的肩峰，量角器的固定臂与地面垂直，活动臂以肱骨外上髁为参照对准肱骨的中线（图 3–2–1–1）。

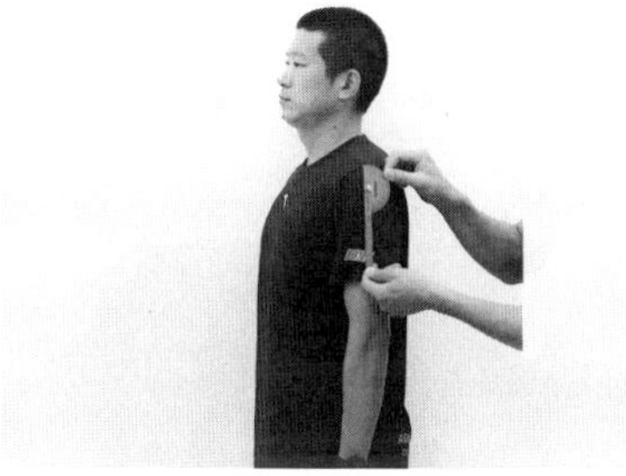

①

②

图 3–2–1–1　肩关节屈的活动范围测试

（4）**数据记录：**

受试者做肩关节前屈的动作直到感受到阻力时停止，这时测试员记录关节角度数值。

2. 肩关节后伸

肩关节
后伸

（1）**测试目的：**测试肩关节后伸的活动幅度。

（2）**测试器材：**关节活动度测量尺，训练床。

（3）**测试步骤与要求：**

受试者俯卧在训练床上，头部前伸，下颌微收，双手置于身体两侧，手臂自然伸直，两手掌心朝向身体。量角器的轴心指向受试者肩峰，量角器的固定臂与躯干对齐，活动臂以肱骨外上髁为参照对准肱骨的中线（图 3-2-1-2）。

①

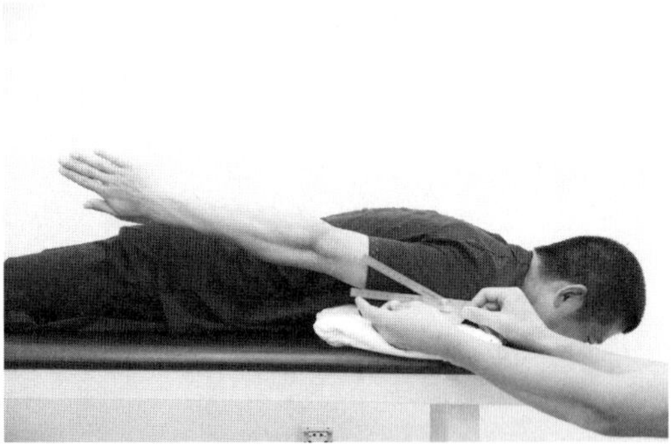

②

图 3-2-1-2 肩关节伸的活动范围测试

（4）**数据记录：**

受试者做肩关节向后伸的动作直到其感受到阻力时停止动作，测试员记录关节角度数值。

3. 肩关节内旋

肩关节
内旋

（1）**测试目的：**测试肩关节内旋的活动幅度。

（2）**测试器材：**关节活动度测量尺、训练床。

（3）**测试步骤与要求：**

受试者俯卧在训练床上，下颌微收，测试手上臂下端垫毛巾，肩关节外展 90°，肘关节屈 90°。量角器的轴心对准受试者肘关节鹰嘴突，量角器的固定臂垂直地面，量角器的活动臂对准尺骨茎突（图 3–2–1–3）。

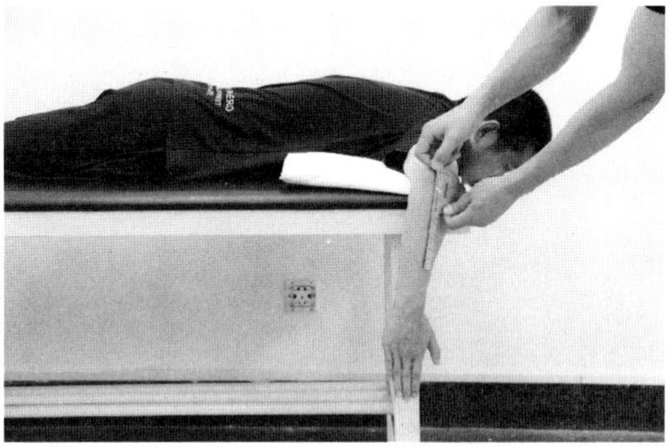

①

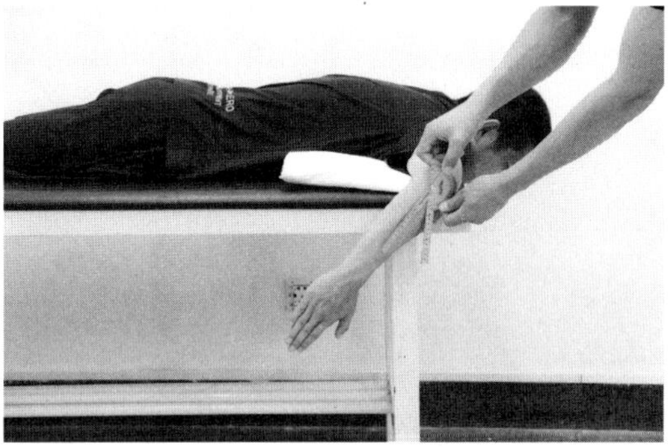

②

图 3–2–1–3 肩关节内旋的活动范围测试

（4）**数据记录：**

受试者做肩关节内旋的动作直到其感受到阻力时停止动作，测试员记录关节角度数值。

4. 肩关节外旋

肩关节外旋

（1）**测试目的：**测试肩关节外旋的活动幅度。

（2）**测试器材：**关节活动度测量尺、训练床。

（3）**测试步骤与要求：**

受试者仰卧在训练床上，下颌微收，测试手臂侧平举，肘关节屈 90°，将毛巾置于上臂下方。量角器的轴心对准受试者肘关节鹰嘴突，量角器的固定臂与地面垂直，活动臂以尺骨茎突为参照对准肱骨的尺骨外侧的中线（图 3-2-1-4）。

①

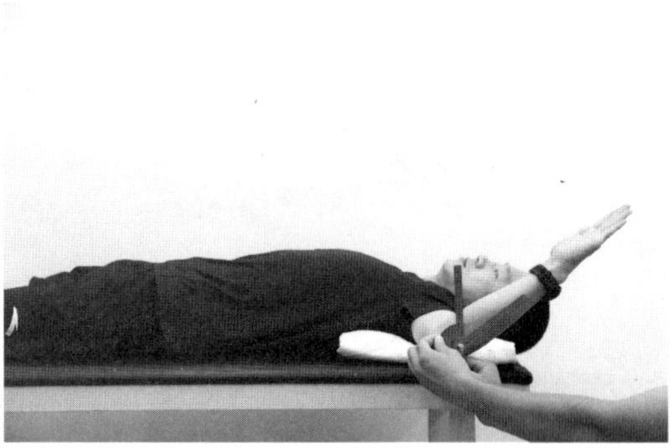

②

图 3-2-1-4　肩关节外旋的活动范围测试

（4）**数据记录：**

受试者肩关节内旋的动作直到其感受到阻力时停止，测试员记录关节角度数值。

（二）髋关节活动度测试

1. 髋关节屈

髋关节屈

（1）**测试目的：**测试髋关节前屈的活动幅度。

（2）**测试器材：**关节活动度测量尺、训练床。

（3）**测试步骤与要求：**

受试者仰卧在训练床上，身体放松平躺，下颌微收，非测试腿保持自然伸直状态。量角器的轴心置于受试者的股骨大转子中心位置，将量角器的固定臂对准骨盆外侧中线与地面平行，量角器的活动臂置于股骨外上髁对中线位置（图 3-2-1-5）。

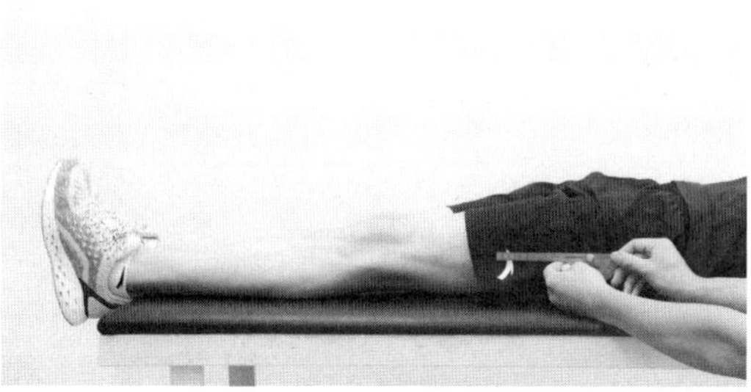

①

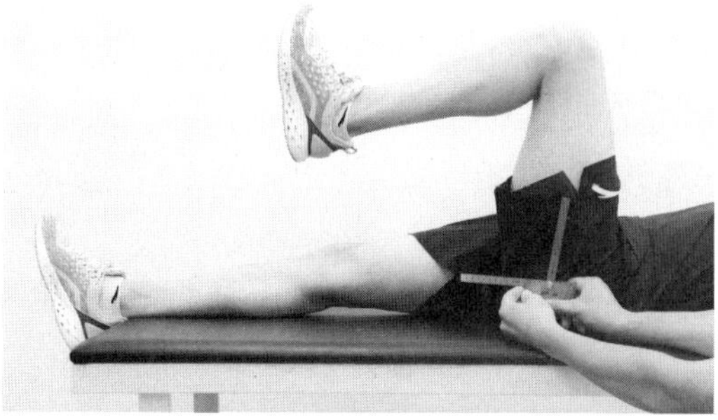

②

图 3-2-1-5 髋关节屈的活动度范围测试

（4）**数据记录：**

受试者的测试腿在膝关节屈的情况下髋关节做前屈的动作，直到感受到阻力时停止动作并记录关节角度数值。

2. 髋关节伸

髋关节伸

（1）**测试目的**：测试髋关节后伸的活动幅度。

（2）**测试器材**：关节活动度测量尺、训练床。

（3）**测试步骤与要求**：

受试者俯卧在训练床上，两侧腿自然伸直。量角器的轴心置于受试者股骨大转子中间，将量角器的固定臂置于骨盆外侧中线，量角器的活动臂置于股骨外上髁和股骨外侧的中线位置（图 3-2-1-6）。

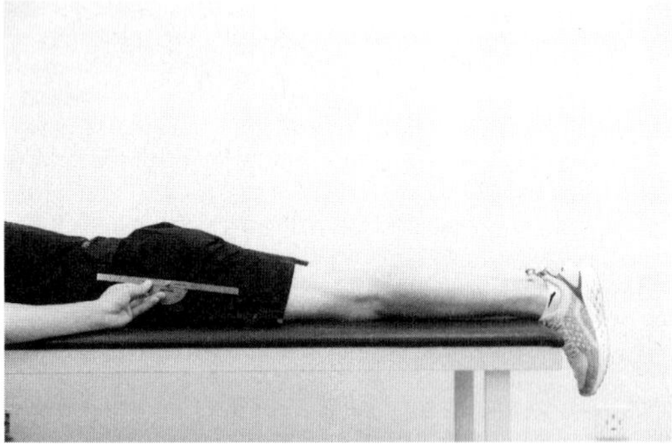

①

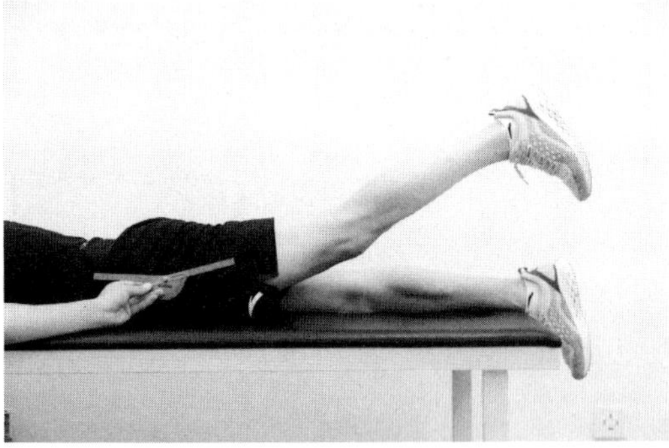

②

图 3-2-1-6　髋关节伸的活动幅度范围测试

（4）**数据记录**：

受试者的测试腿在膝关节屈曲情况下做髋关节后伸动作，直到其感受到阻力时停止动作，测试员记录关节角度数值。

3. 髋关节外展

髋关节
外展

（1）**测试目的：**测试髋关节外展的活动幅度。

（2）**测试器材：**关节活动度测量尺、训练床。

（3）**测试步骤与要求：**

受试者仰卧在训练床上，膝关节自然伸直。量角器置于受试者髂前上棘，量角器的固定臂置于髂前上棘，量角器的活动臂指向髌骨中线位置（图 3-2-1-7）。

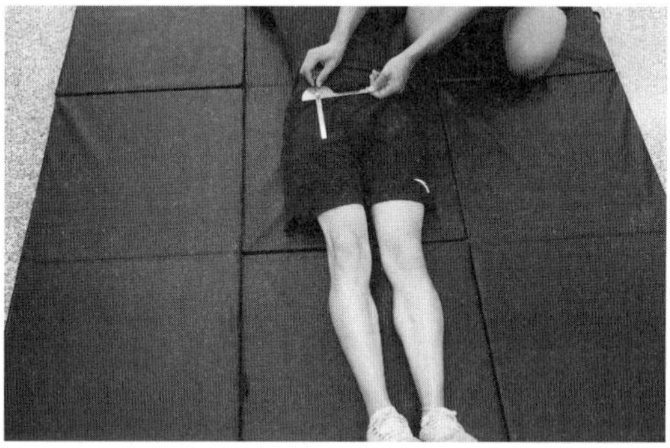

①

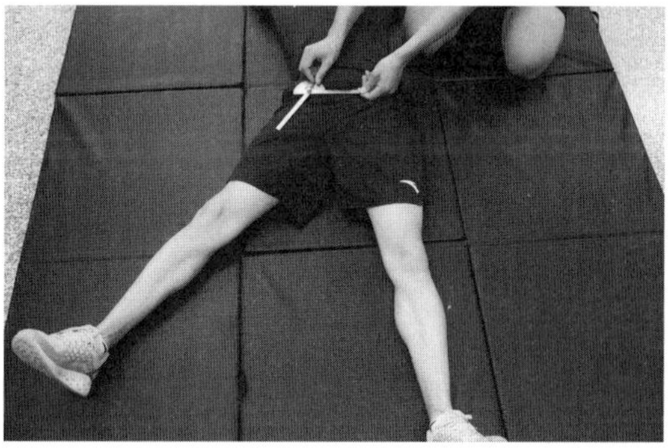

②

图 3-2-1-7　髋关节外展的活动范围测试

（4）**数据记录：**

使受试者的测试腿在保持膝关节伸直的情况下做膝关节内收动作，直到其感受到阻力时停止动作，测试员记录关节角度数值。

4. 髋关节内收

髋关节
内收

（1）**测试目的：**测试髋关节内收的活动幅度。

（2）**测试器材：**关节活动度测量尺、训练床。

（3）**测试步骤与要求：**

受试者仰卧在训练床上，挺胸收腹，膝关节伸直，两脚并拢。量角器置于受试者的髂前上棘，量角器的固定臂置于髂前上棘连线，量角器的活动臂置于髌骨中线方向（图 3–2–1–8）。

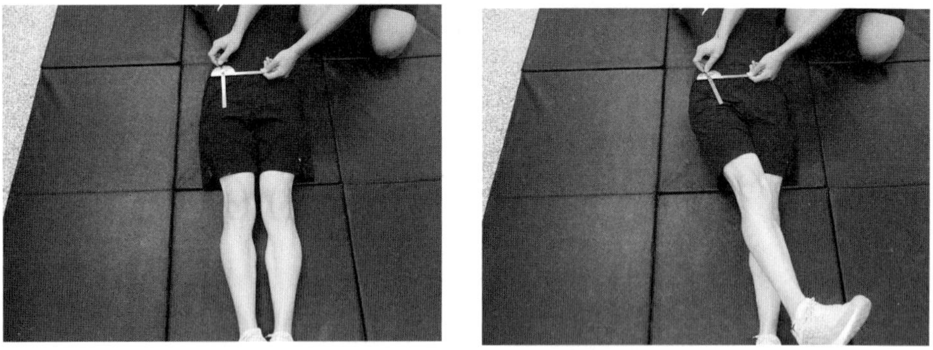

①　　②

图 3–2–1–8　髋关节内收的活动度范围测试

（4）**数据记录：**

受试者两腿保持伸直状态，测试腿做髋关节内收动作，直至感受到阻力时停止动作，测试员记录关节角度数值。

（5）**注意事项：**

① 正确找出测试骨骼标志点。

② 准确找出关节位置，正确迅速放置量角器。

③ 受试者保持正确自然的体姿，减少测试关节出现代偿。

④ 测试应在无痛的情况下进行。

⑤ 受试者缓慢进行测试动作，确保测试器材始终跟随动作。

⑥ 确保正确读取数据并记录。

（三）人体各主要关节活动度

各关节活动范围如表 3-2-1-1 所示。

表 3-2-1-1　各关节活动范围

单位：度

肩关节			
屈	90~120	伸	20~60
外展	80~100	—	—
水平伸	30~45	水平屈	20~60
内旋	70~90	外旋	20~60
肘关节			
屈	135~160	伸	0~10
旋后	75~90	旋前	75~90
躯干			
屈	120~150	伸	20~45
侧屈	10~35	回旋	20~40
髋关节			
屈	90~135	伸	10~30
外展	30~50	内收	10~30
内旋	30~45	外旋	45~60
膝关节			
屈	130~140	伸	5~10
踝关节			
背屈	15~20	跖屈	30~50
足内翻	10~30	足外翻	10~20

子任务二　肌肉长度评估

肌肉的长度描述了肌肉在激活时牵伸的程度，通过对肌肉长度的评估其部位的柔韧性。

1. 抬肩测试

抬肩测试

（1）**测试目的：**测试腕部、胸部和肩部在做过顶动作时的柔韧性。

（2）**测试器材：**量尺、PVC 杆或木棒、训练床。

（3）**测试步骤与要求：**

受试者保持良好状态，在肩关节没有损伤和疼痛的情况下进行测试。测试开始时，受试者身体放松自然站立，双手正握 PVC 杆（或木棒）的中心，双手分开与肩同宽。记录受试者的臂长，即肩峰与 PVC 杆（或木棒）之间的距离。（图 3–2–2–1）

受试者自然俯卧在训练床上，双手正握 PVC 杆并举过头顶，拇指朝向 PVC 杆的中心，双手分开与肩同宽。受试者的下颌与训练床接触，测试时慢慢地让 PVC 杆尽可能地远离训练床。

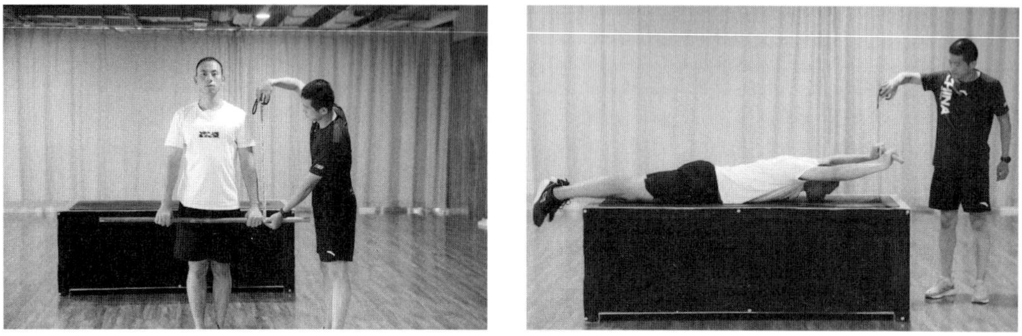

①　　②

图 3–2–2–1　抬肩测试

（4）**数据记录：**

记录训练床与 PVC 杆底部之间的距离后，受试者恢复原来位置并放松。重复测试两次。数据记录 PVC 杆到训练床的距离和臂长，单位为厘米。

测试完成之后，使用以下公式来计算抬肩分数，该分数是腕部、胸部和肩部在做过顶动作时的柔韧性的效果。

抬肩分数 =（达到的距地面最高的高度 ÷ 臂长）× 100

2. 胸椎灵活性测试

胸椎灵活性测试

（1）**测试目的：**测试胸椎旋转过程的灵活性。

（2）**测试器材：**训练垫或训练床。

（3）**测试步骤与要求：**

受试者仰卧在训练垫上。测试开始，受试者一条腿跨过另一条腿，髋关节和膝关节屈曲 90°，双手侧平举打开，掌心向上。受试者跨越腿膝关节紧贴地面，同侧手试图触碰地面，这时开始测量评估（图 3–2–2–2）。

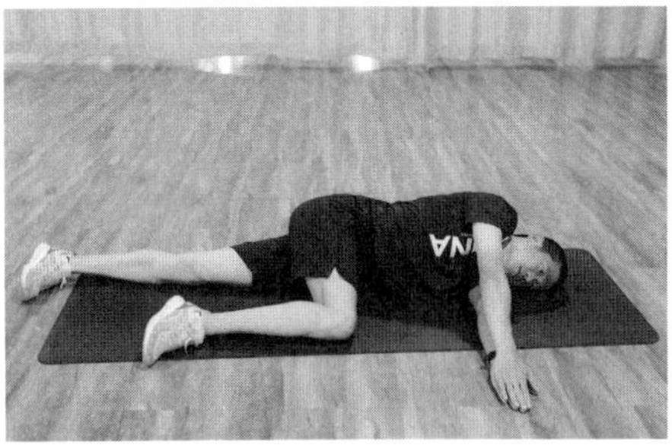

①

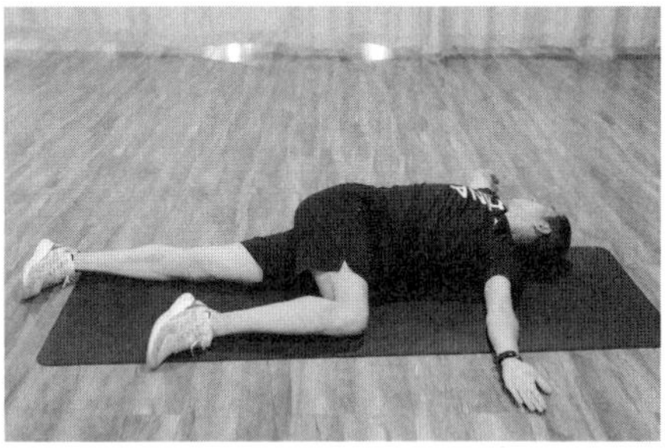

②

图 3–2–2–2　胸椎灵活性测试

（4）**数据记录：**

测量对侧手臂与地面的距离，并结合表 3–2–2–1 的结果要求对受试者进行评分。

表 3–2–2–1　胸椎灵活性测试评价表

分数	评价	结果要求
3 分	良好	同侧手不能触地，但手的位置落于同侧肩关节下方，最好的情况是手臂触地，此时代表胸椎灵活性好
2 分	一般	同侧手不能碰地，但与同侧肩关节处于同一水平面
1 分	较差	同侧手不能碰地，且手的位置高于肩关节所在平面
0 分	危险	测试过程中，肩关节或身体其他部位出现疼痛

3. 髋关节灵活性测试——托马斯试验

髋关节灵活性测试——托马斯试验

（1）**测试目的：**托马斯测试一般用来检验髋关节的灵活度，同时还可以测试髂腰肌、股直肌以及髂胫束的紧张程度。

（2）**测试器材：**训练床。

（3）**测试步骤与要求：**

受试者仰卧在训练床上，大腿置于训练床外。受试者双手抱住一侧膝关节，屈髋屈膝，使大腿靠近躯干，并使腰部紧贴训练床。此时观察对侧腿大腿和小腿的位置，以及髂腰肌、股直肌和髂胫束的紧张程度（图 3–2–2–3）。

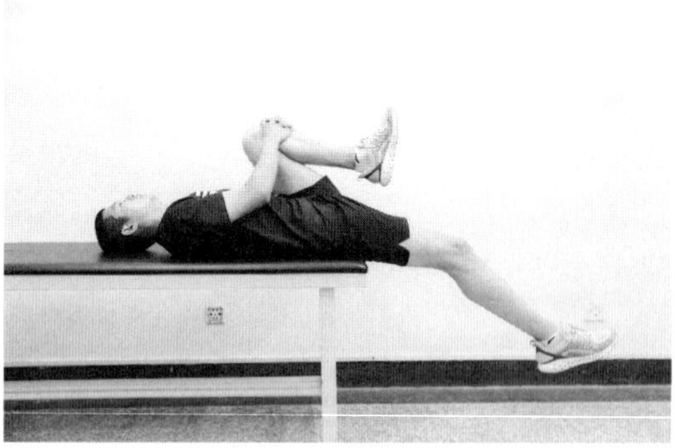

①

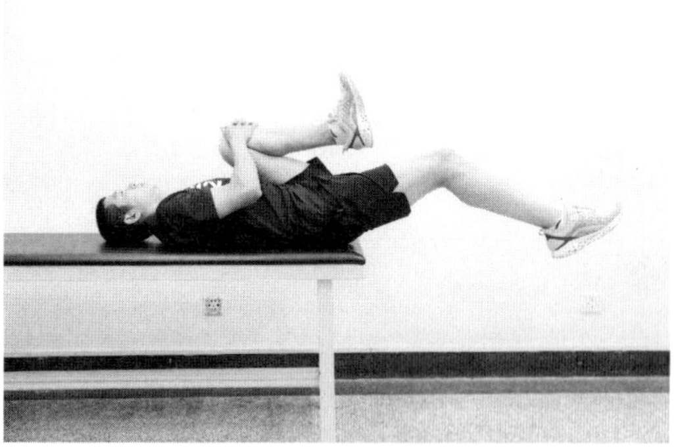

②

图 3–2–2–3　髋关节灵活性测试——托马斯试验

（4）**数据记录：**

观察受试者对侧腿与训练床面的位置。

阴性：对侧腿的大腿与训练床平行，小腿与地面垂直。

阳性：对侧腿的大腿上抬离开训练床，表示屈髋肌群紧张。对侧腿的触碰训练床，但是小腿屈膝大于 90°，表示股直肌紧张。对侧腿的大腿上抬离开训练床，腿屈膝大于 90°，表示屈髋肌群和股直肌紧张。

4. 坐位体前屈

坐位体
前屈

（1）**测试目的**：受试者髋、膝和踝关节的活动幅度，以及腰部和下肢后侧肌群的柔韧性。

（2）**测试器材**：坐位体前屈测试仪、训练垫。

（3）**测试步骤与要求**：

测试前，受试者应做好准备活动，以防止测试时造成肌肉拉伤。

受试者坐在训练垫上，两腿并拢自然伸直，脚面紧贴测试板。两手并拢，手臂和手指伸直，掌心向下。测试开始，身体前倾，上体尽量前屈，双手指尖缓慢推动标尺上的游标向前推，知道不能前推为止。测试过程中不要出现弹震动作。如受试者膝关节弯曲，测试过程出现弹震，测试成绩无效，需重新测试（图 3–2–2–4）。

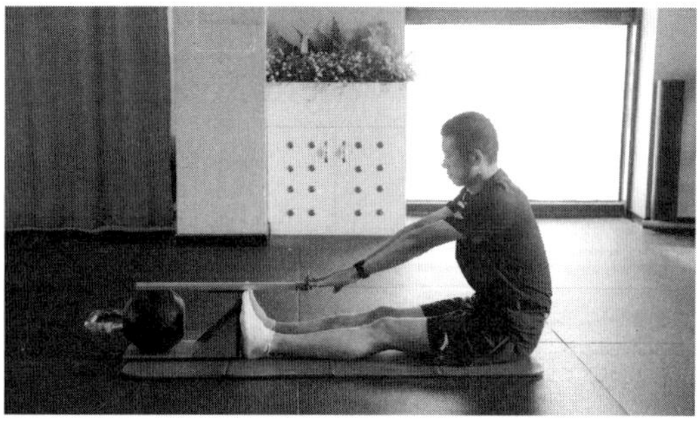

①

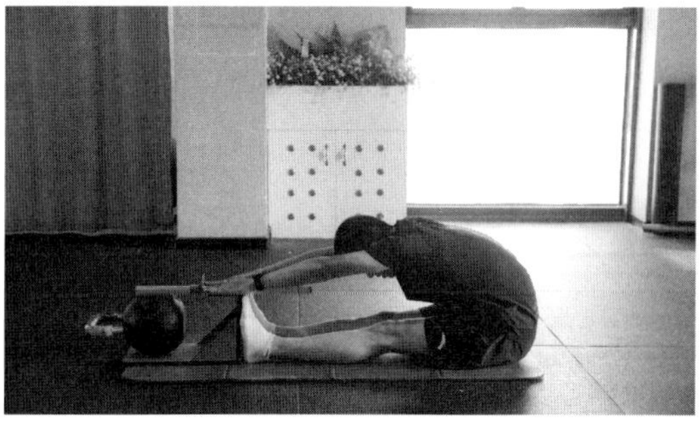

②

图 3–2–2–4　坐位体前屈测试

（4）**数据记录**：

测试数据以厘米为单位记录成绩，测试数据精确至 0.1 厘米。测试者有两次测试机会，取最好成绩。测试仪“0”刻度之前为负值，“0”刻度之后为正值。受试者的坐位体前屈测试数值越大，则反映受试者髋、膝和踝关节的活动幅度，以及腰部和下肢后侧肌群的柔韧性越好。

5. 髂胫束综合征的检查—— Ober 试验

（1）**测试目的：**检测髂胫束挛缩或阔筋膜张肌挛缩。

（2）**测试器材：**训练床。

（3）**测试步骤与要求：**

髂胫束综合征的检查—— Ober 试验

测试员站在受试者的后侧进行测试，测试前受试者全身放松不要紧张。测试时受试者侧卧，非测试腿在下并屈髋屈膝，减少腰部前凸突。测试员一手固定受试者臀部，另一手握受试者的测试腿小腿下部，自测试腿屈膝 90° 位，使髋关节外展，并后伸至与躯干同一直线处，放松握小腿之手让测试腿自然下落（图 3–2–2–5）。

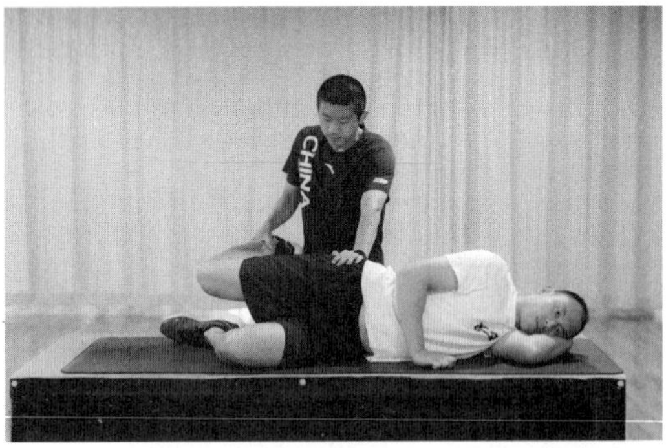

①

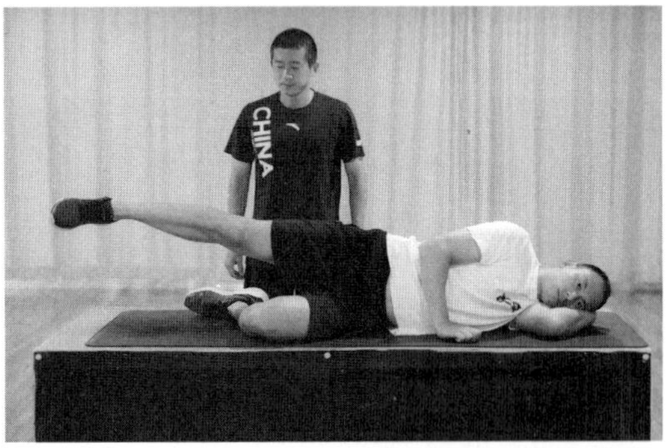

②

图 3–2–2–5　髂胫束综合征的检查—— Ober 试验

（4）**数据记录：**

观察受试者测试腿自然下落的位置。

如果髂胫束正常，腿会略微下降且受试者不会感到任何疼痛，这种情况下测试为阴性。

如果髂胫束紧张，腿将保持在外展位置并且受试者感到膝疼痛，这种情况下测试为阳性。

6. 踝关节灵活性测试

踝关节灵活性测试

（1）**测试目的**：评估踝关节屈伸情况下的灵活性。

（2）**测试器材**：墙面、卷尺。

（3）**测试步骤与要求**：

受试者测试脚在前，测试脚的全脚掌紧贴地面，脚尖向前，不要出现内扣或外翻。测试脚的膝关节触及墙面后，保持测试脚原有姿势，缓慢后移，直至测试脚的脚跟快要离开地面的最远的点后方可测量。（图 3-2-2-6）

① ②

图 3-2-2-6 踝关节灵活性测试

（4）**数据记录**：

测量测试脚的前脚拇趾与墙面的距离，以厘米为单位进行记录，并结合表 3-2-2-2 对受试者进行评分。

表 3-2-2-2 踝关节灵活性测试评价表

测量距离 /cm	得分 / 分
＞ 12	5
10~12	4
7~9	3
4~6	2
1~3	1

7. 胸大肌评估

胸大肌
评估

（1）**测试目的：**测试胸大肌的可延展性、长度和偏移情况。

（2）**测试器材：**训练床、卷尺。

（3）**测试步骤与要求：**

受试者仰卧在训练床上，双手交叉紧扣在头后。受试者颈椎不要出现过度屈曲或伸展，保持在中立位。受试者肩部放松，不要紧张耸肩，以免使肘关节向前移动。确保受试者的腰椎在训练床上保持平直状态（图 3–2–2–7）。

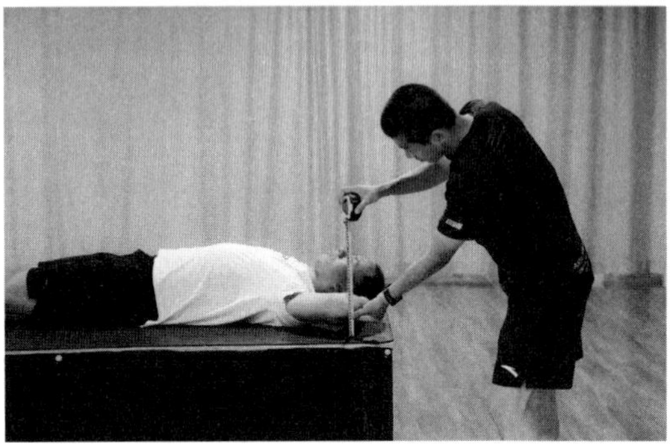

图 3–2–2–7　胸大肌评估

（4）**数据记录：**

用卷尺来测量肱骨鹰嘴与训练床之间的距离，以厘米为单位进行记录。

小　结

灵活性和柔韧性是各项运动的重要素质，韧带的柔韧素质有助于提高动作协调性、灵活性和动作幅度，还能够改进运动技能，提高动作质量。灵活性和柔韧性测试能够找出身体上受限关节，并有针对性地进行柔韧训练，对于提高运动竞技水平具有极为重要的意义。

实践作业

1. 两人一组，利用量角器互相测量膝关节和肘关节的关节角度。

2. 两人一组，互相测试髋关节灵活性测试——托马斯试验，并观察测试肌肉紧张状态。

3. 两人一组，互相进行踝关节灵活性测试，并根据测试相互打分。

作业与思考

1. 柔韧性的定义是什么？其影响因素有哪些？

2. 坐位体前屈测试目的是什么？如何提高坐位体前屈的成绩？

项目四 平衡性测试与评估

良好的平衡能力是身体控制稳定与动作发展的基本要素，平衡素质不仅对于各运动项目的运动能力表现和动作技能的获得非常重要，而且在预防运动损伤与损伤后期恢复方面有很好的作用。

【学习任务与学习目标】

·学习任务

1. 学生之间相互测试完成平衡性测试的不同方法。
2. 能正确使用不同器材完成平衡性测试的方法实操。

·学习目标

知识目标：

通过本项目的学习，使学生了解平衡性在运动中的重要性，理解影响平衡性的相关因素以及测试的相关原理，掌握平衡性测试的具体要求以及注意事项等。

能力目标：

通过本项目的学习，学生之间能够相互完成各种平衡性测试，并能够及时发现和纠正平衡性测试评估中出现的问题，同时能对有评价标准数据进行分析解读。

素养目标：

通过本项目的学习，培养学生良好的体育职业规范、精益求精的工匠精神、认真严谨科学态度，以及对职业的认同感。

任务一　平衡性相关知识认知

本任务内容主要介绍了平衡性的定义与影响因素。

一、平衡性的定义

平衡性是指在不同的环境和情况下维持身体姿势的能力，它是一个结合了稳定性和灵活性的动态现象。平衡能力是身体运动素质的一种，是维持人体姿势的能力，控制身体重心的能力，使维持身体站立、行走以及协调控制肢体地完成各种动作的重要保障。

平衡能力包括静态平衡能力和动态平衡能力。静态平衡能力是指人体在相对静止的状态下，保持身体重心稳定，维持身体姿势的控制能力。动态平衡能力是指人体在运动的状态下，受到外力作用的情况下，调整重心以维持平衡状态的能力。

二、平衡性的影响因素

（一）年龄对平衡性的影响

平衡能力与年龄有着密切的联系。随着年龄的增长，人体各器官的功能逐渐消退，感知觉变得迟钝、身体行动变得迟缓、反应能力变得越来越差。前庭器官功能随年龄增长而下降，动态平衡能力的下降突出表现在人体移动能力出现显著下降，而静态平衡能力的下降则与前庭器官的功能及身体肌肉力量下降有关。

（二）前庭器官对平衡性的影响

前庭器官是人体对自身运动状态和头在空间位置的感受器。它是由半规管、椭圆囊和球囊构成。半规管内的壶腹嵴可以感受旋转变速运动的刺激，椭圆囊和球囊可以感受头部空间位置和直线变速运动的刺激。当人体的本体感觉输入系统和视觉信息输入系统出现阻断或输入异常时，前庭器官的感觉输入系统在维持平衡中变得至关重要，所以前庭器官对平衡性有重要的影响。

（三）视觉系统对平衡性的影响

视觉系统通过对外界环境信息的输入对平衡性有着重要影响。外界环境信息和物体运动信息通过视觉系统收集并输入大脑，再通过大脑输出调控身体保持姿态的稳定，因此视觉能力较差的人更容易摔倒。此外视觉系统有助于判断身体在环境中的方位。

（四）本体感觉对平衡性的影响

本体感觉是指感受肌肉、肌腱、关节和韧带等深部结构的感觉。本体感觉可以提供关节运动及位置的相关信息，对于平衡性非常重要。当人体进行站立或走路时，从肌肉、肌腱、关节和皮肤中的感受器传来肌肉长度的改变和张力的不同的信息传递到中枢神经系统。中枢神经系统将下肢传递来的信息进行调控来协调身体各部位，特别是人体在运动和平衡控制过程中。

任务二　平衡性的测试方法与评估

平衡性是指身体在运动或静止时保持稳定的能力。在运动中，平衡性对于防止身体摔倒和预防身体受伤，提升运动表现至关重要。因此，对平衡性进行测试和评估是非常重要的。平衡性测试可以评估运动员的平衡能力和协调性，运动员身体稳定性提升，能够充分发挥其专项运动技能，对于提升运动表现有重要意义。而本章则主要介绍平衡性测试的方法，分别是：Y 平衡测试、静态平衡和动态平衡。

子任务一 Y- 平衡测试

Y- 平衡测试（Y-balance Test，YBT），起源于美国，是一种综合功能性测试。该测试既可用于下肢，也可用于上肢。通过测试能够反映出受试者下肢（或上肢）稳定能力和左右平衡问题。Y- 平衡测试套件由三个方向的动作组成，分别为前侧伸、后内侧伸和后外侧伸。

1.Y- 平衡测试下肢动作

Y- 平衡测试下肢动作

（1）**测试目的：**评估受试者髋、膝、踝的力量，本体感觉，神经肌肉控制能力和关节活动范围。

（2）**测试器材：**Y- 平衡测试套件。

（3）**测试步骤与要求：**

在进行正式测试前，测试者正常站立测量下肢长度，并以厘米为单位记录。受试者在三个方向进行 6 次练习。受试者正直站立，脚站在中间测试板上，脚趾放在红线之后，保持单腿站立姿势，保持躯干正直。让受试者用移动腿向三个方向伸展，推动移动测试板达到最远距离，然后再回到起始位置（图 4-2-1-1）。

测试中，以测试移动板靠近受试者一侧的边缘为标准读取伸展距离，以 0.5cm 为计量单位。每条腿每个方向要完成 3 次测试，选择距离最远的一次进行分析，如果测试中出现测试失败了，则继续进行下一次测试，每条腿每个方向最多测试 6 次，如果某个测试方向 4 次测试失败，则那这条腿这个方向测成绩记为 0。

完整的测试顺序流程如下：

① 受试者右脚支撑：先左脚向前伸展，再左脚向后右外侧伸展，后左脚向后左内侧伸展。

② 受试者左脚支撑：先右脚向前伸展，再右脚向后左外侧伸展，后右脚向后右内侧伸展。

出现以下任意一种情况，则该次测试判为失败：

① 把测试移动板踢出去；

② 无法控制身体地回到起始姿势；

③ 测试伸展过程中测试脚碰到地面；

④ 测试者移动腿撑在移动测试板上。

①

②

③

④

⑤

图 4–2–1–1　Y– 平衡测试（下肢）

（4）**数据记录：**

测试完成后，可以应用下面三个公式或者全部公式，计算运动员的 Y– 平衡测试成绩：

① 绝对伸展距离 (厘米)=(方向 1 最远距离 + 方向 2 最远距离 + 方向 3 最远距离)/ 3

② 相对伸展距离 (%)= 绝对伸展距离 / 下肢长度 ×100

③ 综合伸展距离 (%)= 3 个方向最好成绩之和 /3 倍的下肢长度 ×100

2.Y- 平衡测试上肢动作

Y- 平衡测试上肢动作

（1）**测试目的：**测试支撑侧手臂、肩胛带、躯干的稳定性，以及移动侧的手臂、肩胛带及躯干的灵活性。

（2）**测试器材：**Y- 平衡测试套件。

（3）**测试步骤与要求：**

测试前，受试者正常站立测量上肢长度，并以厘米为单位记录。测试时，受试者直臂俯卧支撑的姿势，双手、双脚开立与肩同宽，受试者的手掌拇指放于测试板的起始线后面，另外一侧的手臂指尖尽可能向内侧、下外侧、上外侧的方向推动移动测试板。3 个方向推动移动测试板尽可能远，并且动作必须连续完成，不能出现中断，如果测试过程中出现中断，受试者将返回起始位置重新完成尝试（图 4–2–1–2）。

明确的测试指令是：

① 受试者右手支撑：先左手向左侧伸展，再左手向下外侧伸展，后左手向上外侧伸展。

② 受试者左手支撑：先右手向右侧伸展，再右手向下外侧伸展，后右手向上外侧伸展。

注意事项：

① 测试前测量的手臂为受试者支撑手臂。

② 测试前，应向受试者讲解测试动作，并让受试者在每个方向上都进行两次练习。

③ 受试者支撑手臂始终支撑在测试板上。

④ 受试者测试时，移动手的指尖始终触碰移动测试板，不能离开，不能猛推可移动测试板。

⑤ 受试者不能将手放在移动测试板上，使其作为前进过程中的支撑点。

⑥ 受试者必须按要求遵守 3 个方向上测试路线。

⑦ 受试者必须控制身体返回测试的起始位置。

⑧ 不要向受试者示范动作，仅能讲解动作让其尝试测试。

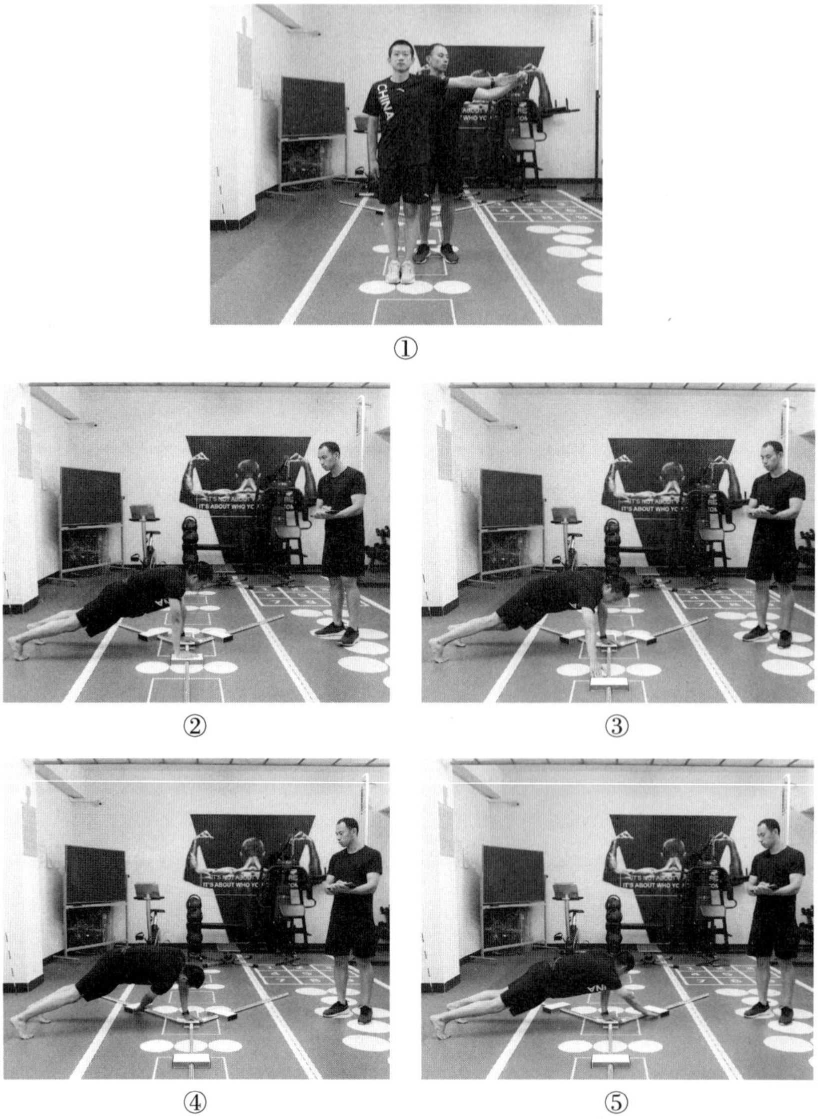

图 4–2–1–2 Y– 平衡测试（上肢）

（4）**数据记录：**

测试过程手指指尖移动测试板的最远距离，记录测试杆内侧所在距离即为受试者测试距离。测试以 0.5cm 为计量单位（例如：68.5cm、69.0cm、65.5cm）。3 次尝试后的测试结果都要记录，并取 3 次中最大的数值进行分析。如果测试失败，身体一侧某一个方向最多可尝试 6 次机会。如果受试者超过 4 次的尝试都失败，则测试结果为 0。

（5）**数据解读 / 分析：**

左右两侧在每个方向上（中间、下外侧、上外侧）的差异不能超过 4cm。

子任务二　静态平衡

1. 闭眼单腿站立

闭眼单腿站立

（1）**测试目的：**测量受试者在闭眼情况下的单腿稳定性。

（2）**测试器材：**秒表或闭眼单腿测试仪。

（3）**测试步骤与要求：**

①受试者身体正直，单脚站立，两手交叉置于胸前，另一只脚抬起，大腿与地面平行。

②测试开始，发出“开始”口令。受试者闭上双眼，身体保持稳定。当受试者的站立脚离开原地，或抬起腿控制不住落下触地，则测试结束，记录时间，时间精确到0.1秒。（图4–2–2–1）

图4–2–2–1　闭眼单腿站立

③测试过程中受试者不能睁眼，双手不能离开两侧腰间，否则测试无效。

（4）**数据记录：**测试两次，取最好成绩记录，并结合表4–2–2–1对受试者进行评分。

表4–2–2–1　20~39岁成年人闭眼站立评分表

单位：秒

年龄/岁	性别	1分	2分	3分	4分	5分
20~24	男	3~5	6~17	18~41	42~98	＞98
20~24	女	3~5	6~15	16~36	37~90	＞90
25~29	男	3~5	6~14	15~35	36~85	＞85
25~29	女	3~5	6~14	15~32	33~84	＞84
30~34	男	3~4	5~12	13~29	30~74	＞74
30~34	女	3~4	5~12	13~28	29~72	＞72
35~39	男	3	4~11	12~23	24~69	＞69
35~39	女	3	4~9	10~20	21~66	＞66

2. 平衡失误计分系统（Balance Ewor Saring System，BESS）

（1）**测试目的：**测试受试者静态姿势身体的稳定性。

（2）**测试器材：**秒表、中等密度的泡沫垫（约 50cm × 40cm × 6cm）。

（3）**测试内容：**

①平行站姿测试

平行站姿测试

测试步骤与要求。

（A）测试时，受试者光脚站立，身体正直，双脚并拢，双手叉腰放于两侧，闭上眼睛 20s。测试过程中，受试者的脚离开起始位置，则睁眼回到起始位置，然后闭上眼睛继续测试。

（B）受试者理解测试方法后，开始进行测试（图 4–2–2–2 ①）。

（C）听从口令开始测试，如出现以下问题记 1 分（最多 10 分）。

a. 测试过程中双手离开两侧腰间。

b. 测试过程中睁开眼睛。

c. 测试过程中踏步、绊倒或摔倒。

d. 测试过程中受试者离开起始位置超过 5s。

e. 测试过程中髋关节发生大幅弯曲（向任何方向超过 30°）。

f. 测试过程中脚掌或脚跟抬起。

（D）受试者在稳定的表面上完成测试后回到起始位置，先放松，再站在泡沫垫上进行 20s 的相同测试（图 4–2–2–2 ②）。

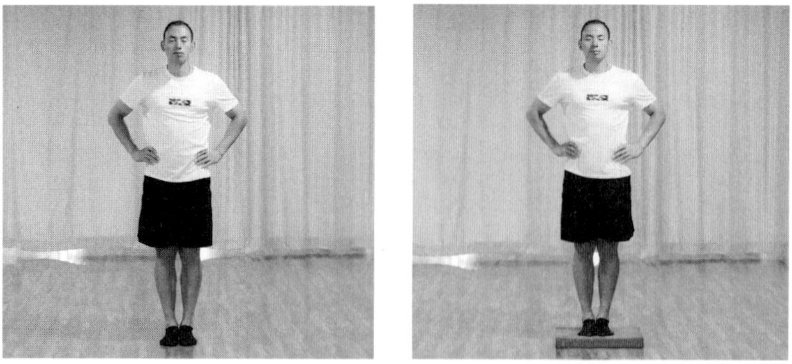

①坚硬的　　②柔软的

图 4–2–2–2　在不同表面上进行平行站姿测试

②单腿站姿测试

单腿站姿测试

测试步骤与要求。

（A）受试者光脚站立，身体正直，双手叉腰放于两侧，优势腿支撑，另一条腿抬起，重心放在非优势腿上并保持平衡。测试开始，双眼紧闭 20s。测试过程中，受试者尽量保持稳定，脚步不要出现移动。如果受试者的脚移动离开起始位置，则睁眼，回到起始位置，然后闭眼继续进行测试。

（B）受试者理解测试方法后，开始闭眼进行测试（图 4–2–2–3 ①）。

（C）听从口令开始测试，如出现以下问题记 1 分（最多 10 分）。

a. 测试过程中双手离开两侧腰间。

b. 测试过程中睁开眼睛。

c. 测试过程中踏步、绊倒或摔倒。

d. 测试过程中受试者离开起始位置超过 5s。

e. 测试过程中髋关节发生大幅弯曲（向任何方向超过 30°）。

f. 测试过程中脚掌或脚跟抬起。

（D）受试者在稳定的表面上完成测试后回到起始位置，先放松，再站在泡沫垫上进行 20s 的相同测试（图 4–2–2–3 ②）。

①坚硬的　　②柔软的

图 4–2–2–3　在不同表面上进行单腿站姿测试

③踵趾站姿测试

踵趾站姿测试

测试步骤与要求。

（A）受试者光脚正直站立，身体正直，双手叉腰放于两侧，非优势腿的脚放在优势腿的脚的正前方，后脚的脚趾触碰前脚脚跟，保持身体姿势。测试开始，闭眼保持 20s。测试过程中，受试者尽量保持稳定，脚步不要出现移动。如果受试者的脚移动离开起始位置，则睁眼，回到起始位置，然后闭眼继续进行测试。

（B）受试者理解测试方法后，开始闭眼进行测试（图 4-2-2-4 ①）。

（C）听从口令开始测试，如有以下问题记 1 分（最多 10 分）。

a. 测试过程中双手离开两侧腰间。

b. 测试过程中睁开眼睛。

c. 测试过程中踏步、绊倒或摔倒。

d. 测试过程中受试者离开起始位置超过 5s。

e. 测试过程中髋关节发生大幅弯曲（向任何方向超过 30°）。

f. 测试过程中脚掌或脚跟抬起。

（D）受试者在稳定的表面上完成测试后，回到起始位置，先放松再站在泡沫垫上进行 20s 的相同测试（图 4-2-2-4 ②）。

①坚硬的　　②柔软的

图 4-2-2-4　在不同表面上进行踵趾站姿测试

（4）数据记录：

测试完成后把以每种站姿和在不同表面条件下测试得到的分数加起来。

3. Romberg 测试

Romberg
测试

（1）**测试目的：**评估身体平衡性。

（2）**测试器材：**无。

（3）**测试步骤与要求：**

①受试者身体正直，两脚并拢，呈站立姿势，双手自然垂于身体两侧，双眼紧闭，保持身体平衡（图 4–2–2–5 ①）。

②测试的变化形式：受试者身体正直，双臂外展保持 90°，头部后倾，保持基础姿势情况下踮脚站立或单腿站立（图 4–2–2–5 ②）或手指触鼻进行测试（图 4–2–2–5 ③）。

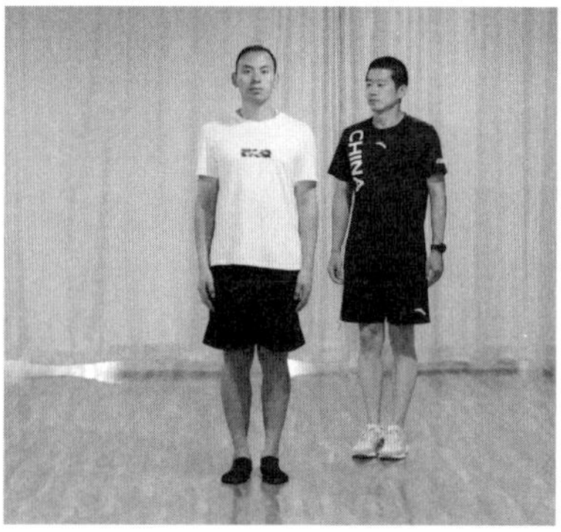

①

②

③

图 4–2–2–5　Romberg 测试

（4）**数据记录：**

受试者身体任何的晃动都表明失去平衡。严重的不稳定可能表明受试者小脑功能障碍。

子任务三 动态平衡

1. 四方形跨步测试

四方形跨步测试

（1）**测试目的：**评估平衡性和前庭功能障碍。

（2）**测试器材：**平整防滑的地面、标记带或粉笔、秒表。

（3）**测试步骤与要求：**

①测试者使用标记带或粉笔在地面画出互相垂直“+”号。受试者穿运动鞋站在左侧下方方格，身体正对前面的方形。

②受试者身体正直，双脚并拢。在“+”号内顺时针方向向前跨步移动，然后向右、向后、向左跨步移动。受试者完成后再以逆时针方向重复该动作顺序。测试要求两脚落在方格里不能遗漏（图 4-2-3-1）。

③受试者快速按顺序完成测试动作，测试过程不能触碰标记带或粉笔线。受试者在整个测试过程中身体始终向前，记录受试者完测试的时间，以秒为单位。

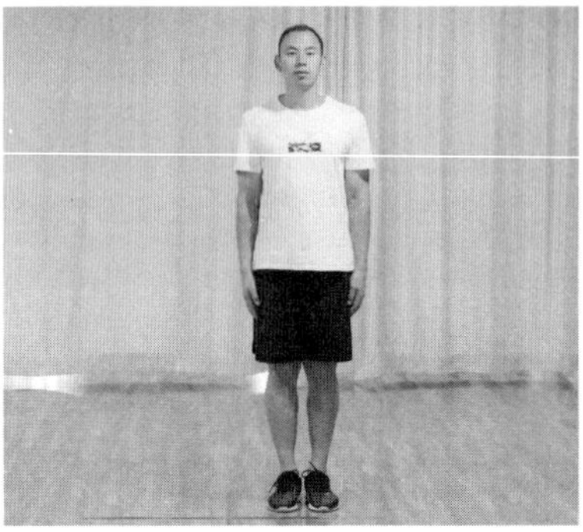

①

②

图 4-2-3-1 四方形跨步测试

（4）**数据记录：**

受试者有 3 次测试机会，择优记录。

2. 侧向跨步测试

侧向跨步测试

（1）**测试目的：**评价受试者侧向跨步的平衡和协调能力。

（2）**测试器材：**标记带和卷尺。

（3）**测试步骤与要求：**

①受试者两脚并拢，保持身体正直，站在起始位置，双脚踩在标志线上，手臂自然贴在身体两侧（图 4-2-3-2 ①）。

②测试开始，受试者侧向跨五步，每次跨步距离尽可能长。测试过程中不能摆动手臂辅助身体跨步，双腿不能有跳跃动作（图 4-2-3-2 ②）。

①

②

图 4-2-3-2　侧向跨步测试

（4）**数据记录：**

测量受试者侧向跨步最长距离，并将侧向跨步的总距离除以跨步数量，记录平均每步距离。

3. 星形偏移平衡测试

星形偏移平衡测试

（1）**测试目的：**评估受试者在动态测试中的平衡性和姿势控制能力。

（2）**测试器材：**功能性测试网格。

（3）**测试步骤与要求：**

① 受试者身体直立，双手叉腰放于身体两侧，一侧腿站立在功能性测试网格的中心并保持平衡稳定（图 4–2–3–3 ①），另一侧腿支撑完成伸展任务（图 4–2–3–3 ②）。测试开始受试者以 45° 的增加幅度向 8 个不同的方向伸展。（图 4–2–3–4）伸展脚的脚尖到尽可能伸展到最远的点，并且不能使用伸展腿来提供支撑。

② 受试者每次伸展后回到身体直立姿势。受试者的支撑脚始终保持在起始位置，不能移动。两侧肢体都要按要求进行测试。

①

②

图 4–2–3–3　星形偏移平衡

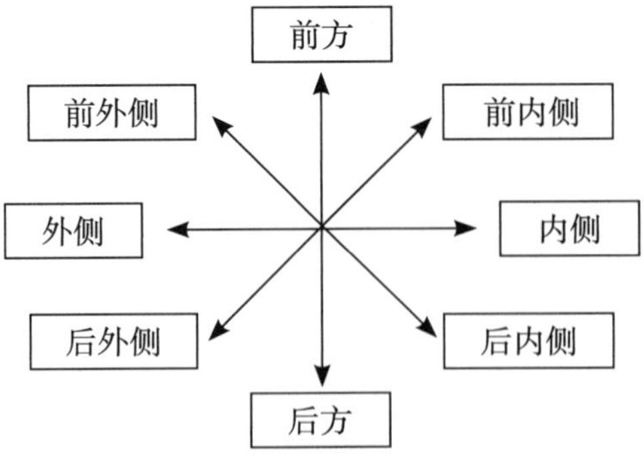

图 4–2–3–4　星形偏移平衡测试方向示意

（4）**数据记录：**

测试伸展腿的距离作为分数。测试距离越远则表示受试者的平衡性越好，活动范围越大，力量越强，本体感觉越好。

4. 功能性伸展测试

功能性伸展测试

（1）**测试目的：**评估受试者在躯干稳定时上肢功能性伸展能力。

（2）**测试器材：**直尺。

（3）**测试步骤与要求：**

受试者侧向站立，身体正直，两脚并拢，一侧身体靠近墙面，手臂前平举。将直尺固定在墙上，高度与肩峰保持在同一水平线上。指尖在直尺的“0”刻度上。测试开始时，身体前探，手臂尽可能远地前伸，两脚不要移动（图 4-2-3-5）。

①

②

图 4-2-3-5　功能性伸展测试

（4）**数据记录：**

测量伸展距离，即手指在起始位置和结束位置之间的距离。以厘米为单位记录。

5. **串联行走测试**

串联行走测试

（1）**测试目的**：评估受试者的平衡性。

（2）**测试器材**：标记带（至少 10m 左右）。

（3）**测试步骤与要求**：

① 受试者自然站立姿势，双手叉腰放于身体两侧，双脚前后开立站在一条直线上。

② 测试开始，受试者沿直线行走，一只脚的脚尖挨着另一只脚的脚跟交替前行，行走大约 10m 的距离。受试者到达终点后向后走，回到起始位置（图 4-2-3-6）。

①

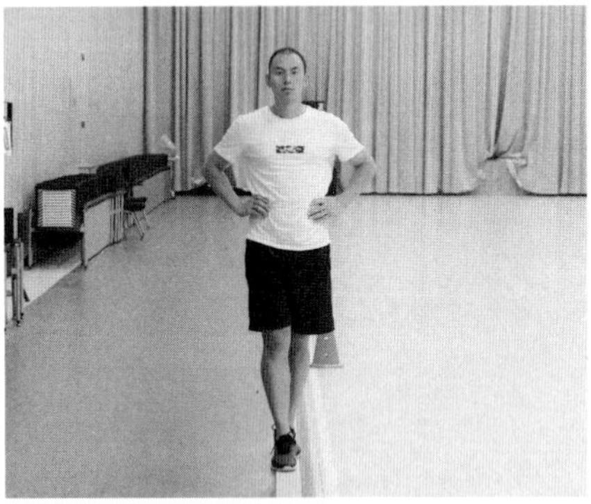

②

图 4-2-3-6　串联行走测试

（4）**数据记录**：

观察受试者身体是否出现的晃动，如果出现则表明失去了平衡。严重的不稳定则可能小脑或内耳功能障碍。

小 结

平衡能力是人体最重要的技能，它反映了身体的肌肉力量、四肢协调性以及动作控制能力。通过平衡能力的测试与评估，不仅可以帮助运动员评估身体控制稳定能力，针对性地提升运动表现，还可以找出运动员运动过程中的薄弱环节，预防运动损伤。通过本项目学习，掌握 Y- 平衡测试、静态平衡测试和动态平衡测试方法，为确定平衡训练目标，制订平衡训练计划，为科学训练提供数据支撑。

实践作业

1. 两人一组，互相进行 Y- 平衡测试（上肢和下肢），并根据测试情况相互打分。

2. 两人一组，互相平衡失误计分系统（BESS）测试，并根据测试情况相互打分。

3. 两人一组，相互进行星形偏移平衡测试，并交流各自测评时自我感觉和流程注意事项。

作业与思考

1. 平衡性的定义是什么？其影响因素有哪些？

2. 闭眼单腿站立的测试目的是什么？如何提高闭眼单腿站立的成绩？

项目五 爆发力测试与评估

很多运动项目运动员需要爆发力提升其运动表现，尤其是速度力量型项目运动员。爆发力的好与坏已成为运动员能否取得优异运动成绩的重要因素。在日常训练中教练员非常重视运动员专项技术爆发力的发展，因此，根据运动员的实际情况，针对性地对运动员进行爆发力测试，不仅能为教练员在训练计划中提供依据，同时为训练指明方向，从而提升运动员竞技水平。

【学习任务与学习目标】

·学习任务

1. 学生之间相互测试完成爆发力测试的不同的方法。
2. 能正确使用不同器材完成爆发力测试方法实操。

·学习目标

知识目标：

通过本项目的学习，了解爆发力在运动中的重要性；理解影响爆发力的相关因素以及测试的相关原理；掌握爆发力测试的具体要求以及注意事项等。

能力目标：

通过本项目的学习，学生之间能够相互完成爆发力的测试，并能及时发现和纠正爆发力测试评估中出现的问题，同时能对相关评价标准数据进行分析和解读。

素养目标：

通过本项目的学习，培养学生良好的体育职业规范，在测试中力求准确，强调精益求精的工匠精神，认真严谨的训练教学态度；培养学生对职业的认同感。

任务一　爆发力相关知识认知

本任务内容介绍了爆发力的定义与影响因素。

一、爆发力的定义

爆发力是指在最短时间内人体克服阻力移动到尽可能远的距离的力。它是不同的肌肉之间的快速相互协调，是力量和速度素质相结合的一项重要的身体素质。

爆发力由速度与力量两部分构成。发展爆发力，必须增大肌肉收缩力量和缩短工作时间。训练初期阶段，以最小负荷的快速运动为主，在不降速的前提下，逐步增大负荷收缩力量。爆发力测试是为训练内容和训练负荷提供有利的数据支持，为运动竞技表现作出重要贡献。

二、爆发力的影响因素

爆发力属于速度力量，是许多体育项目的重要的素质基础，尤其是快速力量性项目。爆发力作为运动员必备基础素质之一，提升爆发力水平是提高竞技能力重要手段之一。爆发力的提升主要受到参与收缩肌纤维数目、肌肉的生理横断面、肌肉的初长度、肌肉的协调能力和肌纤维的类型五个方面的影响。

（一）参与收缩的肌纤维数目

肌肉在进行大负荷快速收缩时，有部分肌纤维处于不做功状态。要想动员更多的肌纤维参与收缩，就要使神经兴奋起来，让尽可能多的肌纤维快速参与收缩。有研究表明：低水平运动员，只能募集全部肌纤维的 50%~60%，而优秀运动员能募集全部肌纤维的 75%~90%。

（二）肌肉的生理横断面

爆发力大小跟肌肉力量有关系，肌肉力量与肌纤维的生理横断面大小有关。肌纤维增粗与力量增大成正比。肌肉力量变大可以提升爆发力水平。

（三）肌肉的初长度

肌肉的初长度是指肌肉收缩前的长度。在正常生理范围内肌肉的初长度越长，肌肉的收缩力量越大。初长度长的肌肉能比初长度较短的肌肉成比例地产生较大的速度。肌肉初长度越长会让爆发力的速度与力量增长，从而可以说明肌肉的收缩初长度与爆发力大小有关。

（四）肌肉的协调能力

肌肉快速收缩需要主动肌积极收缩，拮抗肌适当放松，这就需要主动肌和拮抗肌协调配合。所以肌肉的协调能力影响爆发力的发展。

（五）肌纤维的类型

肌纤维的类型可分为慢缩红肌纤维、快缩红肌纤维和快缩白肌纤维三大类。红肌纤维属于耐力类型，白肌纤维属于爆发力类型。白肌纤维收缩速度快，募集程度高爆发力强但易疲劳；红肌纤维收缩速度慢，爆发力弱，但肌耐力好。

任务二　爆发力的测试方法与评估

本任务中介绍了上肢爆发力，下肢爆发力，核心爆发力以及全身爆发力的测试方法。Gymaware 是常见的爆发力测试工具，其可以测量角速度从而计算功率。

子任务一　上肢爆发力

胸前掷药球测试

1. 胸前掷药球测试

（1）**测试目的：**测试受试者上肢爆发力。

（2）**测试器材：**标记带、卷尺、45° 倾斜的训练凳、药球（女性用 3kg，男性用 6kg）。

（3）**测试步骤与要求：**

① 测试前，将卷尺拉出 20m 左右，卷尺起点固定在训练凳前腿下方的地面上，并用标记带做好标记。受试者应进行充分热身后开始测试。测试开始时，受试者持药球，坐在 45° 的训练凳上，身体后靠，躯干和头部与训练凳接触，双脚分开，自然平放在地面（图 5-2-1-1 ①）。

② 受试者准备好后，听口令双手将药球胸前推起，将药球推到尽可能远的地方。测试员站在受试者侧方，能观察测试整个过程的地方。受试者投掷过程中与训练凳始终保持接触（图 5-2-1-1 ②）。

③ 受试者有 3 次测试机会，每次测试后休息。

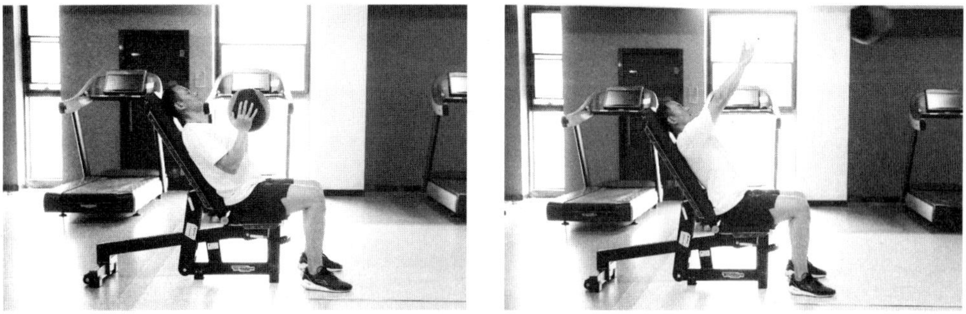

①　②

图 5-2-1-1　胸前掷药球测试

（4）**数据记录：**

测量并记录起点和落地点之间的最远距离，结果精确到厘米。

2. 爆发式卧推

爆发式卧推

（1）**测试目的：**测试受试者上肢爆发力。

（2）**测试器材：**Gymaware 功率测试系统、杠铃杆。

（3）**测试步骤与要求：**

① 将 Gymaware 功率测试系统悬挂杠铃杆，受试者躺在训练凳上，躯干和头部与训练凳接触，双脚自然分开平放在地面上。头部超过杠铃杆。双手略宽于肩握住杠铃杆（图 5–2–1–2 ①）。

② 测试开始，受试者将杠铃杆从训练架推出，保持肩胛内收。杆、手腕、手肘要一直呈一条直线后，手臂弯曲，缓慢下落，训练杆触碰胸部。当杠铃杆碰触胸部时，快速将杠铃杆向上推起。受试者有 3 次测试机会，每次测试后休息（图 5–2–1–2 ②）。

①

②

图 5–2–1–2　爆发式卧推

（4）**数据记录：**

测试员通过 Gymaware 功率测试系统记录爆发力数据。

3. 爆发式卧拉

爆发式
卧拉

（1）**测试目的：**测试受试者上肢爆发力。

（2）**测试器材：**Gymaware 功率测试系统、杠铃杆、卧拉训练凳。

（3）**测试步骤与要求：**

① 测试前，将 Gymaware 功率测试系统固定在杠铃杆上，杠铃杆放在训练凳下方。受试者俯卧在训练凳上，躯干紧贴训练凳，手臂伸直，手掌向下握住杠铃杆（正握），握距大于肩宽（图 5-2-1-3 ①）。

② 测试时，受试者保持起始姿势。当听到口令时，快速拉起杠铃杆同时吐气，手肘弯曲贴近身体，达到顶端时停顿一秒，放下杠铃杆，吸气，缓慢还原至起始姿势。受试者有 3 次测试机会，每次测试后休息（图 5-2-1-3 ②）。

①

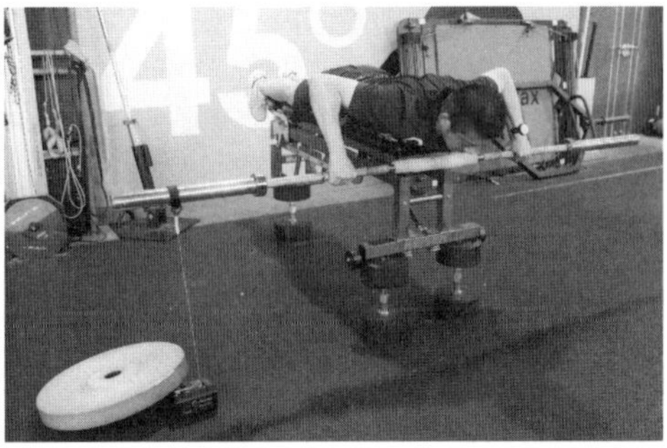

②

图 5-2-1-3　爆发式卧拉

（4）**数据记录：**

测试员通过 Gymaware 功率测试系统记录爆发力数据。

（5）**数据解读与分析：**

测试员通过 Gymaware 功率测试系统分析受试者爆发力水平。

4. 爆发式坐姿肩上推

爆发式坐
姿肩上推

（1）**测试目的：**测试上肢爆发力。

（2）**测试器材：**Gymaware 功率测试系统、杠铃杆、训练凳。

（3）**测试步骤与要求：**

① 受试者坐在训练凳上。上体正直，头和躯干紧贴训练凳，两脚自然分开放于地面。将杠铃高度调整在刚刚高过胸部位置。 采用正握的姿势握住杠铃（掌心向前），两手略宽于肩（图 5–2–1–4 ①）。

② 测试时受试者保持初始姿势，听到口令时，吐气，手臂快速发力上推，将杠铃杆快速举过头顶。受试者将杠铃缓慢下降到肩部，同时吸气（图 5–2–1–4 ②）。

③ 受试者有 3 次测试机会，每次测试后休息。

①

②

图 5–2–1–4　爆发式坐姿肩上推

（4）**数据记录：**

测试员通过 Gymaware 功率测试系统记录爆发力数据。

（5）**数据解读与分析：**

测试员通过 Gymaware 功率测试系统分析受试者爆发力水平。

子任务二 下肢爆发力

1. 下蹲跳 (Canter Movement Jump，CMJ)

下蹲跳

（1）**测试目的：**测试受试者下肢爆发力水平。

（2）**测试器材：**纵跳垫。

（3）**测试步骤与要求：**

① 受试者双脚自然开立，两脚距离比肩稍宽。两手自然叉腰，挺胸抬头，准备姿势完成（图 5-2-2-1 ①）。

② 测试开始，受试者快速屈髋，臀部后收，屈膝向下呈半蹲姿势。两腿发力，迅速蹬伸，尽可能地往高跳（图 5-2-2-1 ②）。落地时用前脚掌着地屈膝缓冲，保持双脚距离（图 5-2-2-1 ③）。

③ 受试者有 3 次测试机会，每次测试后休息。

①

②

③

图 5-2-2-1 下蹲跳

（4）**数据记录：**

测试员通过电子纵跳测高器测量蹲跳高度，以厘米为单位，记录蹲跳最大值。

2. 半蹲跳

半蹲跳

（1）**测试目的**：测试下肢爆发力水平。

（2）**测试器材**：电子纵跳测高器。

（3）**测试步骤与要求**：

① 受试者双脚自然开立，两脚距离比肩稍宽，屈髋屈膝，身体呈半蹲姿势。双手叉腰放于身体两侧，保持颈部自然，背部挺直，准备姿势完成（图 5–2–2–2 ①）。

② 测试开始，受试者下肢快速发力跳起，保持双脚朝内，这样落地时双脚间有大约几厘米的间隙，确保使用脚尖着地（图 5–2–2–2 ②）。

③ 受试者有 3 次测试机会，每次测试后休息。

①

②

图 5–2–2–2　半蹲跳

（4）**数据记录**：

测试员通过电子纵跳测高器测量蹲跳高度，以 cm 为单位，记录蹲跳最大值。

3. 垂直纵跳

垂直纵跳

（1）**测试目的：**测试下肢垂直爆发力。

（2）**测试器材：**足够高的墙壁、卷尺、粉笔。

（3）**测试步骤与要求：**

① 测试前首先确定受试者的优势手。受试者应在充分热身并休息后再开始测试。

② 受试者将粉笔沫涂在优势手的指尖，优势手臂的身体靠近墙壁。受试者用粉笔涂过的手向最高处伸，在最高处做标记。然后将手臂放回到身体两侧。记录粉笔标记高度与地面之间的距离，为站立摸高距离（图 5–2–2–3 ①）。

③ 确定站立摸高距离后，测试开始，受试者双脚自然开立，屈髋屈膝下蹲，同时双臂快速后伸超过身体，然后快速向上摆臂，伸髋伸膝跳起离开地面，跳得尽可能高，同时将涂过粉笔的手指在最高点用指尖在墙壁上做一个标记（图 5–2–2–3 ②），然后双脚落地恢复起始起跳姿势。（图 5–2–2–3 ③）

④ 纵跳测试也可以用专门工具进行测试，测试工具的立柱有专门测试需要的测试扇叶，使用测试工具仍然需要测量受试者站立摸高距离（图 5–2–2–4）。

⑤ 受试者有 3 次测试机会，每次测试后充分休息。

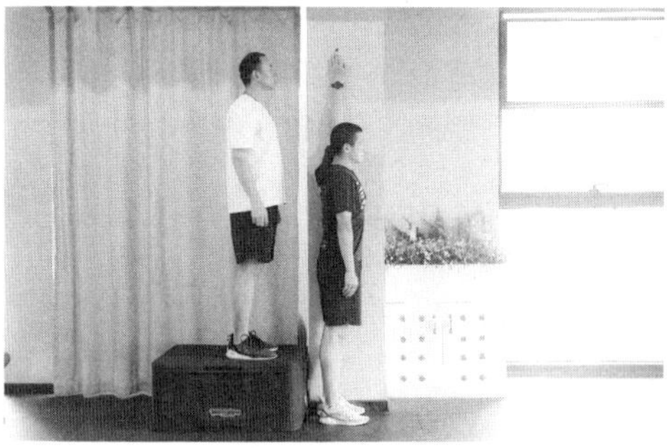

①

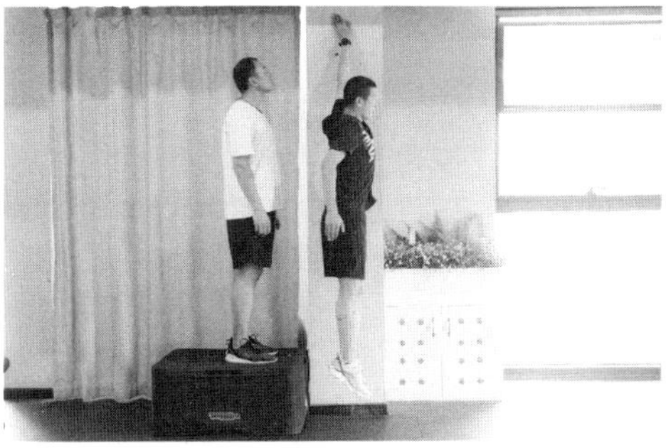

②

③

图 5–2–2–3　垂直纵跳

①

②

③

图 5-2-2-4　使用专门纵跳工具进行测试

（4）**数据记录：**

以记录的最大总跳跃高度作为最终结果，可以使用以下公式计算出纵跳高度。

纵跳高度 = 总跳跃高度 − 站立摸高

4. 立定跳远

立定跳远

（1）**测试目的：**测试受试者下肢爆发力水平。

（2）**测试器材：**标记带、卷尺。

（3）**测试步骤与要求：**

① 测试前，在地面贴 1m 的标记带作为起跳线。受试者应在充分热身并休息后再开始测试（图 5–2–2–5 ①）。

② 测试时，受试者站在起跳线后，两脚与肩同宽，屈膝屈髋，手臂向后摆动超过身体，然后快速摆臂，伸髋伸膝，用最大力量向前。跳到最远位置后保持不动，以便测量跳跃距离（图 5–2–2–5 ②）。

③ 记录受试者跳跃落地脚跟离起跳线最近距离，结果精确到 cm。（图 5–2–2–5 ③）

④ 受试者有 3 次测试机会，每次测试后充分休息。

① ② ③

图 5–2–2–5　立定跳远

（4）**数据记录：**

记录受试者跳跃距离，单位为 cm，以记录的最长距离作为最终结果。

5. 单腿三级跳测试

单腿三级跳测试

（1）**测试目的：**测试受试者下肢爆发力水平，同时可对两侧腿进行平衡、动作控制和力量方面的比较。

（2）**测试器材：**标记带、卷尺。

（3）**测试步骤与要求：**

① 测试前，在地面贴 1m 的标记带作为起跳线。受试者用优势腿进行起跳。受试者应该充分热身并休息后再开始测试。

② 测试时，受试者先用优势腿单腿站在起点线后。屈髋屈膝，手臂后伸，伸髋伸膝，快速摆臂，连续 3 次单腿跳跃，跳跃尽可能远的位置。在第 3 跳后，双脚安全落地保持不动，以便测量跳跃距离。（图 5–2–2–6 ④）

③ 记录受试者跳跃落地脚跟离起跳线的最近距离，结果精确到 cm。

④ 受试者有 3 次测试机会，每次测试后休息。

图 5–2–2–6　单腿三级跳测试

（4）**数据记录：**

利用每条腿的三级跳跃距离，评估左右两侧腿爆发力的差异。记录每条腿测试中的最长距离或每条腿 3 次跳跃的平均距离并将其作为最终结果。还可以根据数据找出双腿的差异或不平衡性，其方法是用单腿三级跳测试中优势腿和非优势腿的距离来计算左右对称指数，公式如下：

左右对称指数 =（非优势腿跳跃距离 ÷ 优势腿跳跃距离）× 100

测试结果的左右对称指数值低于 100% 则表明非优势腿爆发力水平较弱，并且双腿爆发力水平有差异。

子任务三　躯干爆发力

1. 跪姿后抛药球测试

跪姿后抛药球测试

（1）**测试目的**：测试受试者在后伸展运动的过程中的核心爆发力。

（2）**测试器材**：标志带、卷尺、药球（男 5kg；女 3kg）。

（3）**测试步骤与要求**：

① 测试前，在地面贴 1m 的标记带作为起跳线。受试者应在充分热身并休息后再开始测试（图 5–2–3–1 ①）。

② 测试时，受试者跪姿持药球，双臂向前伸展，跪姿伸髋伸膝，快速用双手将药球从身体正前方直臂上举抛到头部后方（图 5–2–3–1 ②）。

③ 测试员应站在侧面能够看到受试者投掷药球的位置。确认受试者没有越过起点线。记录起点线和落地点之间的距离，结果精确到厘米。

④ 受试者有 3 次测试机会，每次测试后充分休息。

①

②

图 5–2–3–1　跪姿后抛药球

（4）**数据记录**：

记录受试者投掷药球的距离，单位为 cm，以记录的最长距离作为最终结果。

2. 跪姿前投掷药球测试

跪姿前投掷药球测试

（1）**测试目的：**测试受试者在向前弯曲运动过程中的核心爆发力。

（2）**测试器材：**标志带、卷尺、药球（男 5kg；女 3kg）。

（3）**测试步骤与要求：**

① 测试前，在地面贴 1m 的标记带作为起跳线。应该充分热身并休息后再开始测试（图 5–2–3–2 ①）。

② 测试时，受试者跪姿持药球，双臂向前伸展，跪姿伸髋伸膝，前掷药球并尽可能地向远处掷球。在投掷过程中，腹部积极收缩，不要移动双脚，注意保持平衡，并将药球向正前方掷出（图 5–2–3–2 ②）。

③ 测试员应站在侧面能够看到受试者投掷药球的位置。确认受试者没有越过起点线。记录起点线和落地点之间的距离，结果精确到厘米。

④ 受试者有 3 次测试机会，每次测试后充分休息。

①

②

图 5–2–3–2　跪姿前投掷药球

（4）**数据记录：**

记录受试者投掷药球的距离，单位为 cm，以记录的最长距离作为最终结果。

3. 跪姿侧抛实心球

跪姿侧抛实心球

（1）**测试目的：** 测试受试者在旋转运动过程中的核心爆发力。

（2）**测试器材：** 标志带、卷尺、药球（男 5kg；女 3kg）。

（3）**测试步骤与要求：**

① 测试前，在地面贴 1m 的标记带作为起跳线，受试者应该充分热身并休息后再开始测试（图 5-2-3-3 ①）。

② 测试时，受试者拿起药球，侧身跪姿在起点线后面，摆好正确姿势后，快速向侧抛药球，药球侧向抛到尽可能远的地方。注意保持双臂伸直，双脚与地面接触且保持平衡，并将药球侧向直线抛出（图 5-2-3-3 ②）。

③ 测试员应站在侧面能够看到受试者投掷药球的位置。确认受试者没有越过起点线。记录起点线和落地点之间的距离，结果精确到厘米。

④ 受试者有 3 次测试机会，每次测试后充分休息。

①

②

图 5-2-3-3　跪姿侧抛实心球

（4）**数据记录：**

记录受试者投掷药球的距离，单位为 cm，以记录的最长距离作为最终结果。

子任务四　全身爆发力

1. 高翻

高翻

（1）**测试目的：**测试受试者全身爆发力水平。

（2）**测试器材：**杠铃。

（3）**测试步骤与要求：**

① 受试者两脚自然开立，与肩同宽，翻抓或钩握杠铃，使其悬在双膝以下位置，背部挺直（图 5–2–4–1 ①）。

② 测试开始时，快速伸髋、伸膝、伸踝，双臂提拉杠铃向上，在身体完全伸展后，弯曲双臂，双肘向上、向外。

③ 将双肘转动到杠铃以下，以一个前蹲姿势接住杠铃。杠铃应当架到前屈的双肩上，微微接触喉咙，双手放松。继续下降直到完全深蹲。脚跟发力立刻恢复，保持躯干直立，双肘向上，继续直到上升至站立位置。

④ 受试者有 3 次测试机会，每次测试后休息（图 5–2–4–1）。

①　②　③

图 5–2–4–1　高翻测试

（4）**数据记录：**

测试已完成标准动作为准，单位为 kg。完成之后以记录的最后重量作为最终结果。

2. 抓举

抓举

（1）**测试目的：**测试受试者全身爆发力水平。

（2）**测试器材：**杠铃片。

（3）**测试步骤与要求：**

① 受试者两脚自然开立，与肩同宽。双膝弯曲，保持背部平直，双手握杠铃时，保持略宽于肩的距离。屈膝屈髋。保持动作的起始位置。

② 测试开始时，受试者双脚发力蹬伸地面，同时开始举起杠铃，保持它贴近你的双腿。当杠铃到达大腿中部的高度时，双腿发力，完全伸展身体。双肩耸起，将杠铃带动向上，同时双肘向外翻，保持它们尽可能久的在杠铃之上。

③ 当杠铃达到一定高度后，将身体置于杠铃下，此时杠铃可以控制并开始下降，锁住双臂将杠铃举过头顶，身体呈深蹲姿势。深蹲姿势站起来结束这一次举重。在举重的结尾处，双脚应当在一条线上，双臂在头顶持杠铃完全伸展。受试者有 3 次测试机会，每次测试后休息（图 5–2–4–2）。

①

②

③

图 5–2–4–2　抓举测试

（4）**数据记录：**

测试已完成标准动作为准，单位为 kg。完成之后以记录的最后重量作为最终结果。

3. 挺举

挺举

（1）**测试目的：**测试受试者全身爆发力水平。

（2）**测试器材：**杠铃。

（3）**测试步骤与要求：**

① 用三角肌前束架起杠铃，双手以翻抓的姿势抓住杠铃，将杠铃抬离杠铃架。身体直立，双脚开立与肩同宽，脚尖微微向外，目视前方（图 5-2-4-3 ①）。

② 受试者屈膝下蹲。下肢快速蹬伸，顺势将杠铃举过头顶。身体下落的同时，再次小幅下蹲以缓冲杠铃的重量（图 5-2-4-3 ③）。

③ 身体稳定后，站起身，将杠铃落回起始位置。

④ 受试者有 3 次测试机会，每次测试后充分休息。

①

②

图 5-2-4-3　挺举测试

（4）**数据记录：**

测试以完成标准动作为准，单位为 kg。完成之后以记录的最后重量作为最终结果。

4. 站姿前抛实心球

站姿前抛实心球

（1）**测试目的：**测试受试者站姿在向前弯曲运动的过程中的全身爆发力。

（2）**测试器材：**标志带、卷尺、药球（男 5kg；女 3kg）。

（3）**测试步骤与要求：**

① 测试前，在地面贴 1m 的标记带作为起跳线。受试者应在充分热身并休息后再开始测试。

② 测试时，受试者双手持药球站在起点线后，双脚开立与肩同宽。受试者快速将药球举过头顶，尽可能地向远处掷球。在投掷过程中，背部向后伸展。双脚不要移动，注意保持平衡，并将药球向正前方掷出（图 5–2–4–4）。

③ 测试员应站在起跳线侧面，以便观察受试者投掷药球的位置、确认受试者没有越过起点线。记录起点线和落地点之间的距离，结果精确到 cm。

④ 受试者有 3 次测试机会，每次测试后充分休息。

①

②

图 5–2–4–4 过顶前掷药球测试

（4）**数据记录：**

记录受试者向前投掷的距离，单位为 cm。完成之后以记录的最长距离作为最终结果。

5. 站姿侧抛实心球

站姿侧抛实心球

（1）**测试目的：** 测试受试者站姿在旋转运动过程中的侧向爆发力。

（2）**测试器材：** 标志带、卷尺、药球（男 5kg；女 3kg）。

（3）**测试步骤与要求：**

① 测试前，在地面贴 1m 的标记带作为起跳线。应在充分热身并休息后再开始测试。

② 测试时，受试者双手持药球，侧身站在起点线后面，双脚开立与肩同宽，屈膝屈髋。用双手将药球从身体侧方快速朝前方伸髋伸膝投掷出去，侧向地将药球尽可能向远投。抛掷过程注意保持双臂伸直，双脚与地面接触且保持平衡（图 5-2-4-5）。

③ 测试员应站在起跳线侧面，以便观察受试者投掷药球的位置、确认受试者没有越过起点线。记录起点线和药球落地点之间的距离，结果精确到 cm。

④ 受试者有 3 次测试机会，每次测试后充分休息。

①

②

图 5-2-4-5 转身投掷药球测试

（4）**数据记录：**

记录受试者侧向投掷的距离，单位为 cm。以每一侧记录的最长距离作为最终结果。

6. 站姿后抛实心球

站姿后抛实心球

（1）**测试目的：** 测试受试者站姿在向后伸展运动的过程中的全身爆发力。

（2）**测试器材：** 标志带、卷尺、药球（男 5kg；女 3kg）。

（3）**测试步骤与要求：**

① 测试前，在地面贴 1m 的标记带作为起跳线。应在充分热身并休息后再开始测试。

② 测试时，受试者持球站在起点线后，然后快速屈髋屈膝进行预摆，并全力伸髋伸膝，手臂直臂将药球向头顶后上方抛出（图 5–2–4–6）。

③ 测试员应站在一个可以清楚看到受试者投掷的位置。记录起点线和落地点之间的距离，结果精确到厘米。

④ 受试者有 3 次测试机会，每次测试后休息。

① ②

图 5–2–4–6 过顶后掷药球测试

（4）**数据记录：**

记录每次水平投掷距离，单位为 cm，以记录的最长距离作为最终结果。

小 结

爆发力素质对于许多运动项目的运动员而言都是十分重要的，爆发力测试能够体现运动员爆发力的现有水平，找出爆发力训练中的不足。通过本项目学习，掌握常见上肢爆发力、下肢爆发力和全身爆发力的测试方法，确定爆发力训练目标，制订爆发力训练计划，为科学训练提供数据支撑。

实践作业

1. 两人互相测试高翻，并根据测试相互点评。
2. 两人互相测试站姿前抛实心球，并根据测试相互点评。
3. 两人一组互相进行单腿三级跳测试，并讨论各测试的意义以及注意事项。

作业与思考

1. 简述爆发力定义是什么？其影响因素有哪些？
2. 简述下蹲跳（CMJ）和半蹲跳（SJ）区别，以及这两项测试在运动训练中的意义。

项目六 速度和灵敏测试与评估

速度是许多运动员必须具备的关键能力之一，对于一些运动，达到最大速度冲刺的能力非常重要，比如田径项目中的短跑，最大速度是决定运动成绩的唯一因素；对于另一些运动如篮球、足球和排球等项目，速度的运用和表现形式更为多样，在短距离冲刺的过程中往往还伴随着频繁和快速的动作模式变化，这一能力我们称之为灵敏性。在训练实践中，速度与灵敏的测试与评估是体能测试的重要组成部分，二者也是紧密相连的，因此，本项目将介绍速度与灵敏性的相关知识及常用的测试评估方法。

【学习任务与学习目标】

· 学习任务

1. 学生之间相互完成速度、灵敏测试的不同方法。
2. 能正确使用不同器材完成速度、灵敏测试方法实操。

· 学习目标

知识目标：

通过本项目的学习，了解速度、灵敏在运动中的重要性；理解影响速度、灵敏的相关因素及测试的相关原理；掌握速度、灵敏测试的具体要求、方法以及注意事项等。

能力目标：

通过本项目的学习，学生之间能相互完成速度、灵敏的测试，并能及时发现和纠正速度、灵敏测试评估中出现的问题，同时能对相关评价标准数据进行分析和解读。

素养目标：

通过本项目的学习，培养学生良好的体育职业规范，在教学过程中培养学生精益求精的工匠精神和认真严谨的训练教学态度，同时培养学生对职业的认同感和敬业感。

任务一　速度与灵敏相关知识认知

本任务主要介绍了速度与灵敏的定义与影响因素。

一、速度与灵敏的定义

（一）速度

在运动训练领域中，“速度”因其所在语境的不同而有不同的含义。除了我们脑海里最先浮现出来的“跑动速度”外，我们经常会听到诸如“反应速度”和“动作速度”这类的词汇。反应速度，顾名思义就是运动员对某个刺激做出反应的快慢，这是一种神经反射活动，其结构基础是反射弧，反应速度的快慢取决于兴奋通过反射弧所需时间的长短；而动作速度则是指完成单个动作的时间长短，比如投掷、出拳等。本书不会对上述两种“速度”的测试进行讨论，而是重点围绕跑动速度展开，在运动训练领域中这一般指运动员能够多快地从 A 点移动到 B 点。

速度在许多运动项目中起着至关重要的作用，被认为是一项基本的运动技能。由于运动员在跑动过程中速度不是一直不变的，因此，对于速度能力的评估还可细分为加速度和最大速度。加速度是单位时间内速度的变化量，加速阶段一般指冲刺的初始阶段，这个过程中运动员的速度不断提高直到达到最大速度，而最大速度则是指运动员能够达到的最快速度。奥运会短跑运动员可以达到高达 12m/s 的速度，并且 100m 短跑一般在 40 ~ 60m 的范围内达到最大速度。大部分运动项目受场地尺寸的限制，运动员的加速距离并没有超出 40m 的范围，而且在比赛期间还因躲避或追击对手等多种混杂因素，运动员需要进行短距离的冲刺并且进行频繁和快速的动作模式变换，几乎很少达到最大速度。研究数据表明，团体类项目运动员的冲刺距离一般为 15~20 米，单次冲刺时间很少超过 3s，而且团体类项目运动员可以在大约 30m 的冲刺中达到最大速度。记住这些数据非常重要，因为这给训练实践者提供了重要的参考，可以以此为参考来选定符合项目的速度测试距离。

（二）灵敏

灵敏性传统上被定义为快速而准确地改变方向的能力。因此，灵敏性在很长一段时间内被认为主要受身体素质（如腿部肌肉力量、反应力量和爆发力）和生物力学因素（如跑步技术）的影响，而旨在提高灵敏性表现的训练手段通常专注于提高运动员这些方面的能力。另有学者把灵敏性定义为“受到一种刺激而改变速度或方向的整体运动”。这一定义阐明了灵敏性是一种为了响应某种刺激而改变速度、方向和运动模式所需的技能和能力，并进一步丰富了灵敏性的内涵，强调了知觉—认知能力是影响灵敏性的重要因素。研究指出，精英运动员在与专项运动相关的灵敏测试中所表现出的认知和决策能力明显优于次精英运动员。带有信号刺激的灵敏测试能够很好地区分半职业篮球运动员和业余篮球运动员，而无信号刺激的测试结果则没有多少差异。尽管有大量的研究指出了这种差异，但目前绝大多数灵敏性测试的一个局限性是，它们不能评估灵敏性的认知成分。因此，这些测试大多数都是针对运动员的变向能力进行的评估。

在研究和应用实践中，使用总时间作为衡量变向能力的指标一直被绝大多数人认为是一种“有效”的能力衡量标准。然而这种评估指标的另一个问题是，使用变向或灵敏性测试的“总时间”可能会掩盖实际的变向能力，这主要是因为在大多数测试中的总时间更偏向于消耗在线性冲刺的过程中，为了消除大量线性冲刺这一混淆因子从而更加精准评估变向能力，出现了一种被称为变向赤字（Change of Direction Deficit）的指标。变向赤字是指变向或灵敏测试时间和相同距离线性冲刺测试时间的时间差，旨在更直接地评估变向能力，以消除线性冲刺能力的影响。当你知道一个与所选测试中直线冲刺距离相等的单独直线冲刺成绩时就可以计算任何变向赤字。例如，505 灵敏测试的时间减去 10m 直线冲刺的时间就可以得到变向赤字。从本质上说，许多变向和灵敏测试可能不是有效的测试措施，对诸如变向能力或灵敏性之类的身体功能进行错误的认定或不正确的评估可能会导致从业者的训练计划无法达到相应的需求。

二、影响速度、灵敏性表现的因素

速度、灵敏是大多数团体运动取得成功的关键要素，因为具备良好冲刺能力以及快速改变方向的能力可使运动员在比赛中获得位置优势。就单纯直线速度而言，正确的身体姿态、摆臂技术和腿部摆动技术是建立冲刺速度的前提条件，除此之外，还需要优秀的力量和爆发力水平作为支撑。而灵敏则是一个更加复杂的综合性能力，从图 6-1-1 可以看出，影响灵敏性的因素繁多，其中经常被忽略的首先是知觉—认知因素，简单地说就是运动员大脑对信息的处理以及最终的决策能力；其次就是动作技术类因素，这其中包括合理的冲刺技术以及变向技术；最后运动员要想实现快速冲刺和变向还离不开自身良好的力量与爆发力水平。

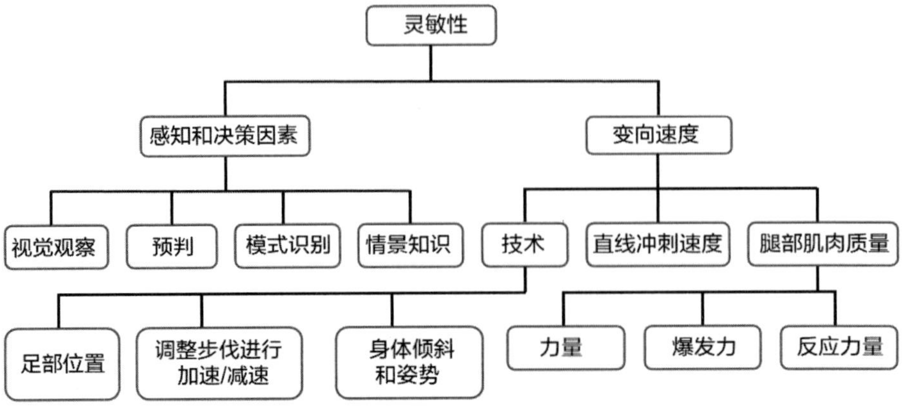

图 6-1-1　影响灵敏性的因素

任务二　速度和灵敏的测试方法与评估

速度能力的评估一般都是采用直线冲刺这一形式，测试时需根据专项特征选择相应的测试距离。灵敏素质的测试则种类多样、形式丰富。

子任务一　速度测试

就速度测试而言，无论是什么距离的测试，其测试的基本操作都没有太大的差异，所以本项目不会重复列举各个距离的测试流程。但是至于选择多长距离的测试主要取决于运动员所在的运动项目以及场上位置，正如前文所述，据研究大部分团体类项目的单次冲刺距离都在 15~20m，所以可以以此为参考选择适合运动项目以及运动员的测试方案。

（一）5m 测试

（1）**测试目的：** 5m 冲刺测试是一种简单且流行的测试方法，用于测量运动员的加速能力。

（2）**测试器材：** 至少 10m 长的测试场地、电子光电门 ×2（首选，但非必需）、卷尺、秒表、标记桶、记录表。

（3）**测试场地：** 如图 6-2-1-1 所示。

5m 测试

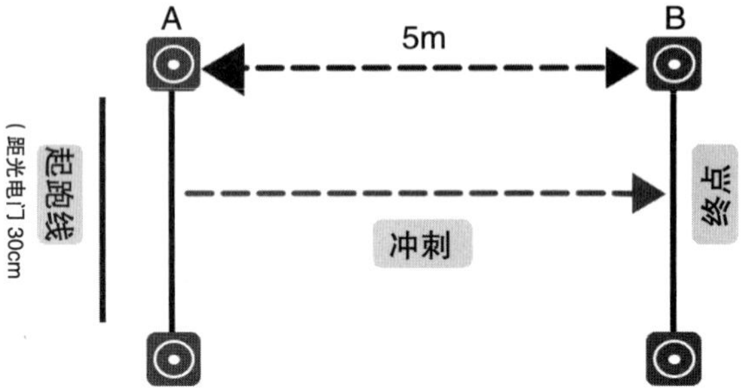

图 6-2-1-1　采用光电门 5 米冲刺测试

（4）**测试步骤与要求：**

① 热身，热身活动应与测试方案的生物力学和生理特征相对应。此外，在热身之后有足够的恢复时间（3~5min）。

② 受试者准备就绪，以站立式起跑姿势于起跑线准备（如果使用光电计时门则位于起跑线后 30cm 处）。测试员始终使用相同的起始姿势对于测试信度很重要。

③ 测试员发令。

④ 如果使用秒表，计时员应站在终点线进行计时。

⑤ 听到起跑命令后，受试者必须全力加速冲过终点线。

⑥ 受试者测试 3 次，每次间歇 2~3min。

（5）**数据记录：**

取测试后最好成绩并记录。

（6）**注意事项：**

① 由于起跑姿势会影响测试成绩，因此建议始终采用相同的起跑姿势。应根据项目需求选用站立式或蹲踞式起跑。

② 距第一个光电门的起跑距离：如果使用光电门进行测试，起跑线与第一个光电门之间的距离会显著影响冲刺时间。因此，必须与参考设置保持一致。根据实践中的经验，一般在起跑线后 30~50cm 左右。

③ 电子光电门的高度：电子光电门设置的高度对记录的时间会产生一定的影响。当电子光电门高度分别设置为 60cm 和 80cm 时，研究人员发现记录的冲刺时间之间具有显著差异。但是，目前没有关于电子光电门最佳放置高度的研究。因此，建议始终采用同一个高度进行测试（如 1m）并坚持下去。

子任务二　灵敏性测试

本项目虽然介绍了灵敏性的定义和影响因素，以及传统灵敏或者变向测试中可能存在的问题，但是由于灵敏性影响因素众多、表现形式复杂，很难找出一项全面体现灵敏能力的测试，因此，灵敏性的评估在研究和实践中出现了众多的测试方法，这些测试方法在变向的角度、次数、跑动形式、跑动距离、是否具有信号刺激以及信号刺激的形式等方面都存在差异，而且各种测试之间还不能进行横向对比。本节除介绍一些已经沿用多年的传统灵敏测试外，还将介绍一些在文献中出现的具有信号刺激的灵敏测试。

（一）伊利诺斯灵敏测试（Illinois agility test）

（1）**测试目的：**评估直线冲刺技术和速度以及变向。对于需要从直线运动中变向的运动项目，这项测试有助于评估运动员的切步和有效变向的能力。例如足球运动员运球并绕过防守者。

伊利诺斯灵敏测试

（2）**测试器材：**标志桶、秒表或光电计时器、皮尺、记录表。

（3）**测试场地：**

在一个长 10m、宽 5m 的长方形中放置四个标志桶，顺时针编号为 A、B、C、D，A 为起点，D 为终点。另有四个标志桶（编号 1 至 4）放置在测试区域中心，间距为 3m（图 6–2–2–1）。

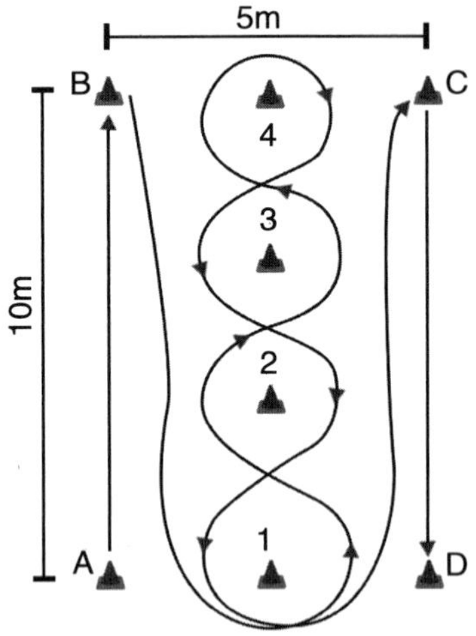

图 6–2–2–1　伊利诺斯灵敏测试

（4）**测试步骤与要求：**

受试者腹部着地，双手平放在地上，肘部抬起，头部朝向起跑线 A。测试人员发令后（信号灯亮起），受试者尽可能快地站起来，冲刺 10 米到 B，然后冲刺到 1，环绕 1 跑到 4，绕过 4 后再环绕回到 1，再绕过 1 后，受试者向 C 冲刺，绕过 C 后冲刺跑过 D。当受试者到达 D 时，测试员停止计时。测试人员计时时应该注意，只要受试者一开始动就开始计时。

（5）**数据记录：**

测试 2 次取最好成绩记录。

（二）T 测试

（1）**测试目的：**测试向前、向后和横向移动过程中调整步伐以加速、减速、变向能力，以及身体控制能力。

T 测试

（2）**测试器材：**标志桶、秒表或光电计时器、皮尺、记录表。

（3）**测试场地：**

以 T 形排列四个标志桶。以标志桶 A 作为起点，标志桶 B 距离标志桶 A 9.1m（10 码），位于 T 形的中间。在标志桶 B 的左侧（标志桶 C）和右侧（标志桶 D）4.6m（5 码）处放置标志桶，完成测试场地布置（图 6–2–2–2）。

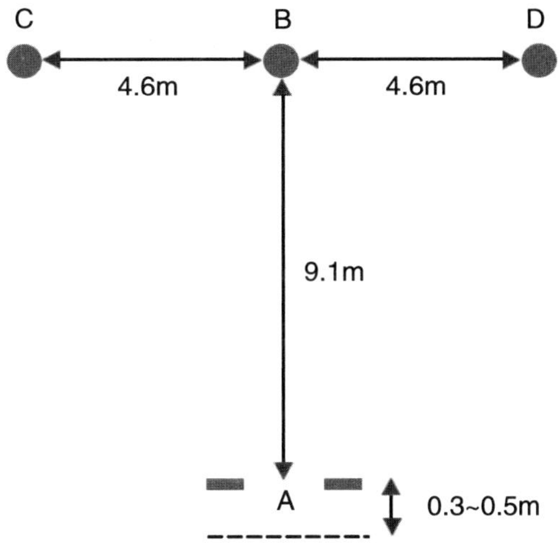

图 6–2–2–2　T 测试示意图

（4）**测试步骤与要求：**

受试者在标志桶 A 处做好起跑准备。受试者应在每次试验中使用相同的起始姿势。听到出发命令后，受试者冲向标志桶 B，用右手触摸标志桶的顶部；受试者侧身滑步移动到标志桶 C，双脚不交叉，用左手触摸标志桶 C 的顶部；受试者侧滑步到标志桶 D，用右手触摸其顶部；受试者侧滑步回到标志桶 B，用左手触摸标志桶的顶部；受试者后退跑越过标志桶 A。计时从发令开始，在受试者最后越过标志桶 A 时停止。

（5）**数据记录：**

测试两次取最好成绩记录。

（三）505 灵敏测试

505 灵敏测试

（1）**测试目的：**测试加速、减速，以及变向过程中的技术和力量。当受试者用不同脚踩线进行测试时，还可以对比受试者左右两侧的差异。

（2）**测试器材：**标志桶、秒表或光电计时器、皮尺、记录表。

（3）**测试场地：**

先设置一条起跑线，将两个标志桶相隔 2 ～ 3m。在距离起跑线 10m 处再放两个标志桶，并在此处设置光电计时器或秒表计时员。在距起跑线 15m 处放置第三对标志桶（图 6–2–2–3）。

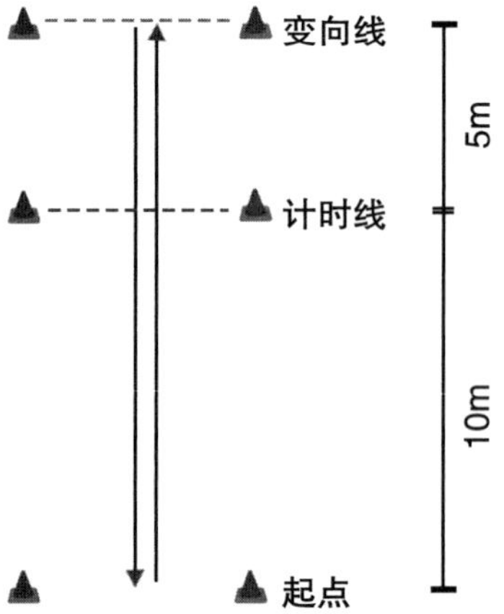

图 6–2–2–3　505 测试示意图

（4）**测试步骤与要求：**

受试者在起跑线后就位，得到起跑信号后，受试者向前冲刺，当达到 10m 计时线时开始计时，受试者冲刺到 15m 处（脚踩线）后立即变向转身冲刺回到计时线，此时计时停止。受试者可以用惯用脚踩线来完成测试，也可以分别用左右脚踩线来进行测试（至少 2 次），以对左右侧数据进行对比。

（5）**数据记录：**

测试两次取最好成绩记录。

（四）六边形灵敏测试

六边形灵敏测试

（1）**测试目的：**测试身体控制能力和调整步伐进行加速和减速的能力。

（2）**测试器材：**与地面颜色呈反差的胶带、皮尺、秒表、有很好摩擦力的平坦地面、记录表。

（3）**测试场地：**利用胶带在地板上贴成六边形，每边 61cm，每个角度为 120°（图 6-2-2-4）。

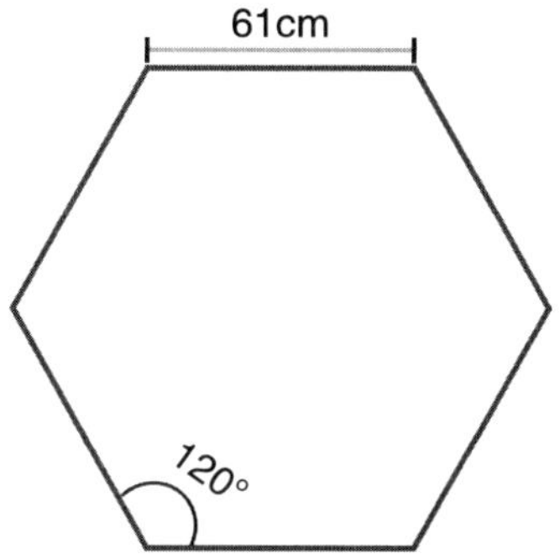

图 6-2-2-4　六边形灵敏测试示意图

（4）**测试步骤与要求：**

测试时，受试者站在六边形的中间。听到信号之后，受试者按照顺时针方向，双脚从中心跳到每个边上，再跳回中心，直到每个边来回跳三次（绕三圈共 18 次），最后受试者回到中心。在整个测试过程中，受试者始终面向同一方向。如果受试者落在六边形的边线内，没有超过边线，或失去平衡而出现步伐混乱，或改变面对的方向，则受试者需要充足的休息后重新开始测试。

（5）**数据记录：**

取 3 次测试中最好的时间作为成绩。

（五）5–10–5 灵敏测试（Pro 灵敏测试）

5–10–5
灵敏测试

（1）**测试目的：** 评估进行多次变向时的技术，腿部力量和爆发力。

（2）**测试器材：** 标志桶（胶带）、秒表或光电计时器、皮尺、记录表。

（3）**测试场地：** 用标志桶或胶带设置好总长 10 码（约 9.1m）的跑道，并在中间设置好起跑线（图 6–2–2–5）。

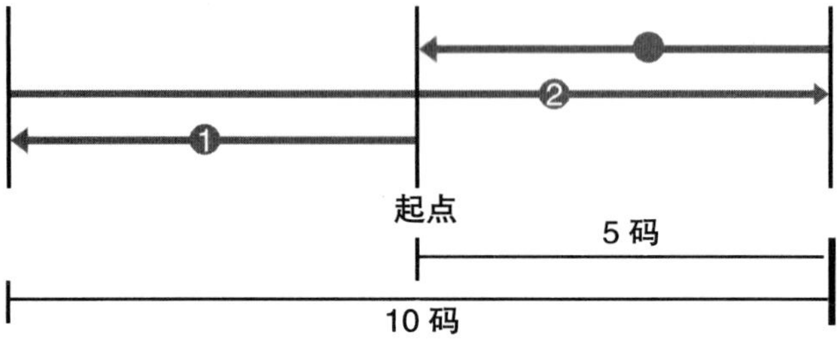

图 6–2–2–5　5–10–5 灵敏测试（Pro 灵敏测试）

（4）**测试步骤与要求：**

受试者处在跑道的中间位置，脚位于中线的两侧。听到信号之后，受试者首先向左侧边线冲刺 5 码（约 4.6m），然后变向转身向右边边线冲刺 10 码（约 9.1m），然后再改变方向向中线冲刺 5 码（约 4.6m）。测试过程中脚必须都要触及设定好的边线。记录受试者从中线出发并最后回到中线的总时间。

（5）**数据记录：**

测试两次取最好成绩记录。

（六）Y 型反应灵敏测试

Y 型反应灵敏测试

（1）**测试目的：**Y 型反应灵敏测试测量多向速度和非预定的快速变向能力。测试中受试者需要对外部刺激作出反应。

（2）**测试器材：**标志桶、皮尺、胶带、秒表或光电计时器、记录表。

（3）**测试场地：**

用胶带或标志桶或标记物画出一条起跑线。在起跑线正前方 5m 处放置第二组标志桶或标记，在第二条线左右 5m 各放置两组标志桶，与第二条线成 45° 角，形成一个“Y”型。光电计时器或标志桶之间的距离为 1.5m（图 6–2–2–6）。

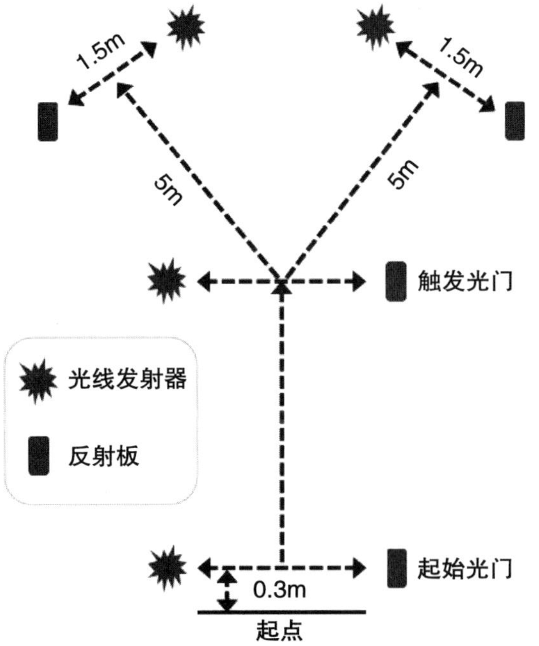

图 6–2–2–6　Y 形反应灵敏测试示意图

（4）**测试步骤与要求：**

该测试至少需要 2 名测试人员，一名站在距离起跑线 8m 左右的位置给受试者指定方向，另一名站在终点标志桶中间的位置对受试者进行计时。首先受试者在起跑线做好准备姿势，测试人员对受试者发令，并开始计时，受试者跑到 5m 位置标志桶时，负责给信号的测试员快速用手随机给受试者指定左或者右，受试者根据测试人员指定的方向，快速冲过终点线，测试计时停止。以上人工计时和信号指定也可以替换成具有相应程序设置的光电计时设备进行。

（5）**数据记录：**

测试两次取最好成绩记录。

（七）Stop'n'Go 反应性灵敏测试

Stop'n'Go
反应性灵
敏测试

（1）**测试目的：**评估受试者对刺激的快速反应能力，以及变向、加速、减速能力，考察反复“急起急停”运动中的反应性灵敏表现。

（2）**测试器材：**皮尺、标志桶（高 30cm）、红外光感计时设备和 LED 控制组件。

（3）**测试场地：**

首先在场地设定起跑线，距离起跑线 1.5m 处放置红外光感计时器，并在距离起跑线 2m 处往左右各绘制 2m 长的直线，于两端放置标志桶 A、D，以 45° 夹角的 2m 处放置标志桶 B、C。LED 光感灯放置于标志桶顶部（图 6-2-2-7）。

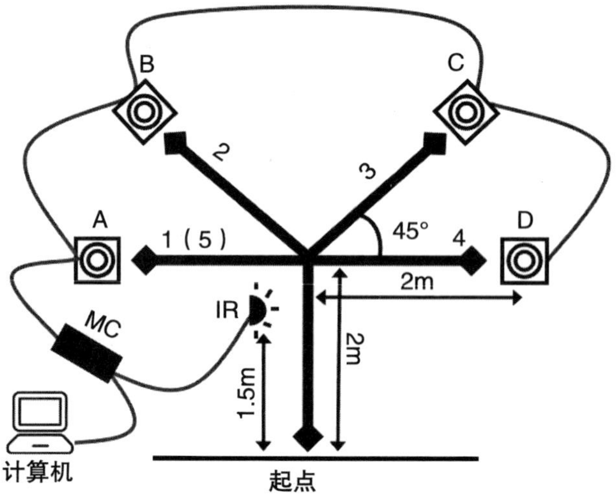

图 6-2-2-7　Stop'n'Go 测试示意图

（4）**测试步骤与要求：**

受试者从起跑线出发，计时从受试者越过红外光感计时器（以下简称 IR）的那一刻开始。当受试者越过 IR 时会随机亮起一盏灯，受试者需要以最快的速度跑到对应的标志桶，并用惯用手触摸顶部的 LED 灯，然后跑回起点线并踩线，并转身再次往前跑穿过 IR，再根据灯光跑到相应位置并触碰顶部的 LED 灯。单次测试受试者需要连续重复 5 次跑动，第 5 次往回跑并越过红外光感计时器时，测试结束。

（5）**数据记录：**

测试 3 次，取最好成绩记录。

小 结

速度与灵敏是运动员的关键运动素质。灵敏性还受到多种因素的影响，在测试过程很难充分对运动员的灵敏性进行评估，所以诸如T测试、Pro灵敏测试等常见测试通常被认为是一种针对运动员变向能力的测试，但同时也存在着一定的局限性。因此，训练实践者在测试过程中需要充分考虑测试的设备成本、准确性和局限性，仔细规划相关测试，并且理解所得的数据。

实践作业

1. 对同伴的冲刺速度进行测试。
2. 对本项目中的灵敏测试进行实测练习。

作业与思考

1. 使用光电计时器时为什么要往后距起跑线一定的距离？
2. 思考哪些因素会对速度与灵敏测试造成影响，如何避免？

项目七 力量测试与评估

力量素质是运动素质中的首要素质，与其他素质的发展有着密切的关系。在许多运动项目中，力量是掌握运动技术、提高运动成绩的基础。

肌肉力量测试手段的研究与应用，对探讨肌肉力量与肌肉形态间的内在关系，以及科学地指导体育训练具有非常重要的作用。随着科学技术的迅速发展和人们对肌肉力量研究的不断深入，肌肉力量的测评方法手段也在逐渐增多，有效的肌肉力量测试是进一步从事竞技体育、体育健身和运动康复等工作的基础，因此本项目主要介绍力量的定义、影响肌肉力量的神经肌肉学因素，以及肌肉力量和肌肉耐力的测试方法与评估。

【学习任务与学习目标】

·学习任务

1. 学生之间相互测试完成力量与耐力测试的不同方法。
2. 能正确使用不同器材完成力量与耐力测试方法实操。

·学习目标

知识目标：

通过本项目的学习，了解力量与耐力在运动中的重要性；理解影响力量与耐力的相关影响因素以及测试的相关原理；掌握力量与耐力测试的具体要求、方法以及注意事项等。

能力目标：

通过本项目的学习，学生之间能相互完成力量与耐力的测试，并能及时发现和纠正力量与耐力测试评估中出现的问题，同时能对相关评价标准数据进行分析和解读。

素养目标：

通过本项目的学习，培养学生良好的体育职业规范，在教学过程中培养学生精益求精的工匠精神和认真严谨的训练教学态度，同时培养学生对职业的认同感和敬业感。

任务一　力量相关知识认知

本任务介绍了力量的定义和力量素质的影响因素。

一、力量定义

肌肉力量是指人体神经肌肉系统在工作时克服或对抗阻力的能力。基于此定义，肌肉力量的表现是介于零做功到可以产生最大肌力的持续变化量。在运动生理学中根据肌肉收缩形式的不同，肌肉力量可分为静力性力量和动力性力量。

肌肉力量还可以按照其表现形式和构成特点区分为最大力量、快速力量、肌肉耐力三种基本形式。最大力量是指通过最大随意收缩克服阻力时所表现出来的最高力量。随意收缩是指不刻意要求动作的速度，如深蹲、卧推等。快速力量是指肌肉在短时间内快速发挥力量的能力，爆发力是其常见的表现形式。肌肉耐力是指特定肌肉或肌群重复收缩以对抗次最大阻力的能力。肌肉耐力测试应以连续的方式进行几秒到几分钟，动作之间不休息且没有代偿动作的产生，如引体向上、俯卧撑等。

二、影响肌肉力量的神经肌肉学因素

肌肉收缩产生力量的过程主要与运动单位动员、肌肉协调、肌肉初长度、肌纤维类型、肌肉横截面积和关节运动角度等因素有关。

（一）运动单位动员

肌肉收缩时产生张力的大小与兴奋的肌纤维数目有关。肌肉收缩时兴奋的肌纤维数目越多，产生的张力就会越大。由于肌肉中所有的肌纤维都属于不同的运动单位，因此同时兴奋的运动单位数目决定了张力的大小。张力不但与兴奋的运动单位数目有关，而且也与运动神经元传到肌纤维的兴奋频率有关。参与活动的运动单位数目与兴奋频率的结合，称为运动单位动员，也可称为运动单位募集。

（二）肌肉协调

不同肌肉群的活动是由运动中枢的不同部位来控制的，不同运动中枢之间协调性的改善，可以明显提高肌肉的收缩力量。

（三）肌肉初长度

肌肉在收缩时的初长度与肌纤维中每个肌节的长度有关，肌节的长度可以影响

肌纤维的收缩力量。肌肉收缩的力量，在一定范围内与收缩前的初长度相关。

（四）肌纤维类型

每块肌肉均由不同纤维类型即慢肌纤维和快肌纤维组合而成。运动员快、慢肌纤维比例的高低，影响着他所从事的专项运动。快肌纤维收缩的持续时间短，慢肌纤维收缩的持续时间长。快肌纤维兴奋性高，收缩力量大，但容易疲劳；慢肌纤维兴奋时冲动频率较低，但可持续较长时间。前者适宜做短距离、高强度的运动，后者适合耐力运动。

（五）肌肉横截面积

肌肉的生理横截面积是力量增长机制中的肌肉适应机制，是依靠能源物质的消耗与补偿实现的。肌肉生理横截面积越大，肌肉力量也越大，相反亦然，所以肌肉力量的大小与肌肉生理横截面积几乎呈正比例关系。

（六）关节运动角度

同一块肌肉在关节的不同运动角度时产生的力量也不同，这是因为在不同关节角度时，肌肉对骨的牵拉角度不同造成的。

任务二　力量测试方法与评估

肌肉力量是指人体神经肌肉系统在工作时克服或对抗阻力的能力，它是速度、耐力、爆发力等要素的基础，也是体现体育运动技战术的重要因素。在竞技体育中，如何开展有效的力量测试并准确评定运动员的肌肉力量对于提高运动员的竞技水平起着重要的作用。而本章则主要介绍力量的测评方法，分别是：最大力量测试、等长力量测试和肌耐力测试。

子任务一 一次重复最大力量测试

目前，最大力量测试通常采用递增负荷的形式进行测量，即热身后在保证组间充分恢复和动作质量的条件下，逐渐增加重量，减少每组重复次数，直到测出一次重复最大力量 (1 Repetition Maximum，以下简称 1RM)，一般以千克（kg）单位表示。

1RM 的测试步骤：

① 指导受试者进行热身活动，采用受试者可以轻松完成 5~10 次重复次数较轻的重量。

② 休息 1 分钟。

③ 用以下加重方式估计受试者能够完成 3~5 次重复的热身负荷：

上肢练习 5~9kg 或 5%~10%；

下肢练习 14~18kg 或 10%~20%。

④ 休息 2 分钟。

⑤ 用以下加重方式保守估计受试者能够完成 2~3 次重复的接近最大负荷：

上肢练习 5~9kg 或 5%~10%；

下肢练习 14~18kg 或 10%~20%。

⑥ 休息 2~4 分钟。

⑦ 继续加重。

上肢练习 5~9kg 或 5%~10%；

下肢练习 14~18kg 或 10%~20%。

⑧ 指导受试者试做 1RM 的负荷。

⑨ 如果成功，休息 2~4 分钟，然后回到流程（7）。如果失败，休息 2~4 分钟，然后采用以下减重的方式：

上肢练习 2~5kg 或 2.5%~5%；

下肢练习 7~9kg 或 5%~10%。

回到步骤⑧。

继续增加重量或减少重量，直到可以用正确的练习技术完成一次重复，最好能在 3~5 组测试中得出受试者的 1RM。

1RM 测试步骤适用于以下四个测试：1RM 深蹲、1RM 硬拉、1RM 卧推和 1RM 卧拉。

1. 深蹲

深蹲

（1）**测试目的：**测试受试者下肢的最大力量。

（2）**测试器材：**标准深蹲架、标准杠铃杆、标准杠铃片、安全锁扣。

（3）**测试步骤与要求：**

① 开始姿势。

• 受试者站在杠铃杆下方，双脚平行。用闭握正握方式握住杠铃杆，握距比肩略宽。在杠铃杆下方位置倾斜身体，以便将杠铃杆准确放在三角肌后束上方，颈部的底端（图 7–2–1–1 ①）。

• 挺胸抬头，双眼目视前方。

• 固定位置后，提示保护员协助受试者从深蹲架上取下杠铃杆。

• 伸展髋关节、膝关节，举起杠铃杆（图 7–2–1–1 ②）。

• 双脚与肩同宽（或比之略宽），脚尖微微向外。

② 向下动作。

• 保持背部挺直，保持膝关节和脚尖的方向一致，匀速屈髋屈膝。

• 下蹲直到大腿与地面近似平行。过程中保护人员将双手放在杠铃杆两端的下方，但不触碰杠铃杆（图 7–2–1–1 ③）。

③ 向上动作。

• 保持脊柱在中立位，不要过度前倾、拱背。

• 匀速伸髋伸膝至起始位置。保护人员始终在两侧进行保护。

• 动作完成后，让受试者向前迈步，并且在保护人员的帮助下，逐渐降低杠铃杆并将其放回到深蹲架上。

通过以上流程，按照 1RM 的测试步骤，确定深蹲 1RM。

①

②

③

图 7-2-1-1　深蹲动作

（4）数据记录：

记录深蹲 1RM 的数值。

2. 硬拉

硬拉

（1）**测试目的：**测试受试者下肢的最大力量。

（2）**测试器材：**标准杠铃杆、标准杠铃片、安全锁扣。

（3）**测试步骤与要求：**

① 开始姿势。

• 双脚平行，与肩同宽（图 7–2–1–2 ①）。

• 下蹲，臀部低于肩部，双手使用正握或正反握的方式抓握杠铃杆，握距比肩略宽。

② 向上动作。

• 背部平直，双侧肩胛骨向后收缩（图 7–2–1–2 ②）。

• 伸髋、伸膝，提起杠铃杆。

• 保持脊柱在中立位。

• 肩部在杠铃杠上方（图 7–2–1–2 ③）。

③ 向下动作。

• 慢慢屈髋屈膝，将杠铃杆放到地面。

• 保持脊柱在中立位，躯干不要向前屈曲。

通过以上流程，按照 1RM 的测试步骤，确定硬拉 1RM。

① ② ③

图 7–2–1–2　硬拉

（4）**数据记录：**

记录硬拉 1RM 的数值。

3. 卧推

卧推

（1）**测试目的：**测试受试者上肢的最大力量。

（2）**测试器材：**标准卧推架、标准杠铃杆、标准杠铃片、安全锁扣。

（3）**测试步骤与要求：**

① 开始姿势。

• 受试者仰卧在训练凳上，头部、背部和臀部接触长凳，双脚平放在地面上。

• 双手使用闭握正握方式抓握杠铃杆，握距比肩略宽（图 7-2-1-3 ①）。

• 在保护人员的协助下，将杠铃杆抬离卧推架并将其移到胸部正上方，此时肘部充分伸展（图 7-2-1-3 ②）。

② 向下动作。

• 降低杠铃杆，直到杠铃杆触及胸部（图 7-2-1-3 ③）。

• 保持紧握杠铃杆，两侧前臂平行且与地面垂直。

• 保持头部、背部和臀部接触长凳，双脚平放在地面上。

③ 向上动作。

• 上推杠铃杆，直到肘部充分伸展（图 7-2-1-3 ②）。

• 保持头部、背部和臀部接触长凳，双脚平放在地面上。

• 当受试者完成该组动作后，在保护人员的协助下将杠铃杆移回到卧推架上。

通过以上流程，按照 1RM 的测试步骤，确定卧推 1RM。

①

②

③

图 7-2-1-3　卧推

（4）**数据记录：**

记录卧推 1RM 的数值。

4. 卧拉

卧拉

（1）**测试目的**：测试受试者上肢的最大力量。

（2）**测试器材**：卧拉架、标准杠铃杆、标准杠铃片、安全锁扣。

（3）**测试步骤与要求**：

① 开始姿势。

• 俯卧在训练凳上，双脚不与地面接触。

• 调整身体使胸部与放在地面上的杠铃杆对齐，双手握住杠铃杆，握距略宽于肩（图 7–2–1–4 ①）。

② 向上动作。

• 双手握住杠铃杆，弯曲肘关节，向上拉起杠铃杆，直到杠铃接触到与下胸部对齐的训练凳（图 7–2–1–4 ②）。

③ 向下动作。

• 伸展肘关节，将杠铃杆放回地面。

通过以上流程，按照 1RM 的测试步骤，确定卧拉 1RM。

①

②

图 7–2–1–4　卧拉

（4）**数据记录**：

记录卧拉 1RM 的数值。

子任务二 多次重复最大力量测试

进行最大力量测试时，虽然 1RM 测试准确度较高，但由于测试需要肌肉极限收缩用力，对力量训练经验不足的运动员或运动人群而言，测试风险和心理压力会非常高。因此，为了避免损伤风险，会退而求其次地选择多次重复最大力量（Repetition Maximum，简称 RM）测试。

多次重复最大力量的测试步骤——以 5RM 测试为例。

① 指导受试者进行热身活动，采用受试者可以轻松完成 8~10 次重复次数较轻的重量。

② 休息 1 分钟。

③ 用以下加重方式估计受试者能够完成 6~8 次重复的热身负荷：

上肢练习 2.3~5kg；

下肢练习 7~9kg。

④ 休息 2 分钟。

⑤ 继续加重：

上肢练习 2.3~5kg；

下肢练习 7~9kg。

⑥ 指导受试者试举 5RM 的负荷。

⑦ 如果成功，休息 2~4 分钟，然后回到流程（5）。如果失败，休息 2~4 分钟，然后采用以下减重方式后回到：⑥

上肢练习 1~2.3kg；

下肢练习 2.3~5kg。

⑧ 继续加重或减重，直到可以用正确的练习技术完成 5 次重复，最好能在 3~5 组测试中得出受试者的 5RM。

⑨ 一般 10RM 测试可通过下方公式预测出 1RM 值。

该测试步骤适用于 5RM 深蹲、5RM 硬拉、5RM 卧推和 5RM 卧拉等测试。

$$\text{预测 1RM=}\frac{\text{达到疲劳的重复次数对应的 RM}}{(1.0278-\text{达到疲劳的重复次数}\times 0.0278)}$$

举例：受试者的 5RM 值为 145kg，通过公式预测，其 1RM 值为 163.1kg。

$$\text{预测 1RM=}\frac{145\text{kg}}{1.0278-5\times 0.0278}=\frac{145\text{kg}}{1.0278-0.139}=\frac{145\text{kg}}{0.8888}\approx 163.1\text{kg}$$

子任务三　等长力量测试

等长肌力是肌肉力量的一种重要表现形式。等长肌力测试是指在某一体位下，测试一块或几块肌肉等长收缩时所产生的最大力量。IMTP（Isometric Mid-Thigh Pull）是一种常见的等长肌力测试工具。

1. IMTP 下肢肌力测试

IMTP 下肢肌力测试

（1）**测试目的**：评估下肢等长肌力。

（2）**测试器材**：IMTP 测试仪器。

（3）**测试步骤与要求**：

① 受试者双脚开立与肩同宽，站于 IMTP 测试仪器的指定位置（图 7-2-3-1 ①）。

② 将测试横杆的高度调致受试者大腿中上部（髌骨中点和髂嵴连线的中间位置）。

③ 受试者屈髋屈膝，双手拉住横杆，背部挺直。膝关节 120°~145°、髋关节 140°~150°。

④ 当开始测试时，受试者用最大的力量直臂上拉横杆（图 7-2-3-1 ②）。

⑤ IMTP 测试仪器的基线测量时需保证至少 1 秒的稳定站立，且在动作开始时避免反向动作，当测试结束后若力—时间曲线有异常情况则应重新进行测试。

①

②

图 7-2-3-1　IMTP 下肢肌力测试

（4）**数据记录**：

测试员通过 IMTP 测试仪器分析受试者下肢力量水平。

2. 握力测试

握力测试

测试受试者上肢静力性力量的常用指标，它主要反映受试者前臂及手部肌肉的抓握能力。

（1）**测试目的：**评估前臂与手部肌肉等长肌力。

（2）**测试器材：**指针式握力计或电子握力计。

（3）**测试步骤与要求：**

① 测试前，受试者用有力手握住握力计的握柄，另一只手转动握距调整轮，调到适宜的握距并准备测试。

② 测试时，受试者身体直立，两脚自然分开，与肩同宽，两臂斜下垂，掌心向内，用最大的力量握紧握柄（图 7-2-3-2）。

图 7-2-3-2　握力测试

（4）**数据记录：**

以千克（kg）或牛顿（N）为单位记录成绩，精确至小数点后 1 位。如果受试者不能确定有力手，左、右手可各测试 2 次，记录最大数值。

子任务四 静态肌肉耐力测试

1. 靠墙半蹲

靠墙半蹲

（1）**测试目的：**测试受试者下肢的肌肉耐力。

（2）**测试器材：**秒表。

（3）**测试步骤与要求：**

① 双脚开立与肩同宽，背部紧贴墙壁。

② 从站姿逐渐过渡到半蹲姿势，此时使髋、膝、踝三个关节的夹角各呈 90°。

③ 双臂在身体两侧自然下垂，并与墙壁保持接触。

④ 当受试者调整到正确姿势后，测试员会下达开始口令，进行测试（图 7–2–4–1）。

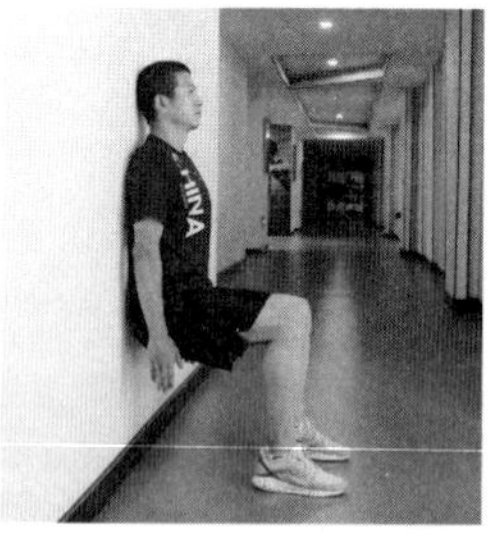

图 7–2–4–1 靠墙半蹲测试

（4）**数据记录：**

记录受试者保持正确姿势的总时长，精确至 0.1s。

2. 屈臂悬垂

屈臂悬垂

（1）**测试目的：**测试受试者上肢的肌肉耐力。

（2）**测试器材：**高单杠、秒表。

（3）**测试步骤与要求：**

① 受试者站在凳子上，用双手正握（或反握）单杠，屈臂，使下颌位于横杠之上（图 7-2-4-2 ①）。

② 受试者双脚离开凳面时开始计时。

③ 受试者尽量保持该姿势至力竭为止，当下颌低于横杠上缘时停止计时（图 7-2-4-2 ②）。

①

②

图 7-2-4-2　屈臂悬垂测试

（4）**数据记录：**

记录测试总时长，精确至 0.1s。

3. 躯干测试

◇ 腹肌测试

腹肌测试

（1）**测试目的：**测试受试者前腹的肌肉耐力。

（2）**测试器材：**按摩床。

（3）**测试步骤与要求：**

① 测试开始。

• 受试者仰卧在按摩床上，双侧髂后上棘连线置于床边缘（图 7–2–4–3 ①）。

• 下肢髋、膝、踝固定。受试者双手交叉置于胸前。

• 听到测试员开始口令后保持头、肩、髋在一条直线上并与地面平行（图 7–2–4–3 ②）。

② 测试结束。

• 受试者躯干第一次无法与地面平行时，测试员需提醒其保持正确测试姿势。第二次无法保持正确测试姿势时，终止测试。

①

②

图 7–2–4–3　仰卧核心力量测试

（4）**数据记录：**

记录测试总时长，精确至 0.1s。

◇ 背肌测试

背肌测试

（1）**测试目的：**测试受试者后腹的肌肉耐力。

（2）**测试器材：**按摩床。

（3）**测试步骤与要求：**

① 测试开始。

• 受试者俯卧在按摩床上，双侧髂前上棘连线置于床边缘（图 7–2–4–4 ①）。

• 下肢髋、膝、踝固定。受试者双手交叉置于胸前。

• 听到测试员开始口令后保持头、肩、髋在一条直线上并与地面平行（图 7–2–4–4 ②）。

② 测试结束。

• 受试者躯干第一次背部无法与地面平行时，测试员需提醒其保持正确测试姿势。第二次无法保持正确测试姿势时，终止测试。

①

②

图 7–2–4–4　俯卧核心力量测试

（4）**数据记录：**

记录测试总时长，精确至 0.1s。

◇ 侧腹测试

侧腹测试

（1）**测试目的**：测试受试者侧腹的肌肉耐力。

（2）**测试器材**：按摩床。

（3）**测试步骤与要求**：

① 测试开始。

• 受试者侧卧于按摩床上，一侧髂前上棘和髂后上棘连线置于按摩床边缘（图 7-2-4-5 ①）。

• 下肢髋、膝、踝固定。受试者双手交叉置于胸前。

• 听到测试员开始口令后保持一侧头、肩、髋在一条直线上并与地面平行（图 7-2-4-5 ②）。

② 测试结束。

• 受试者躯干第一次无法与地面平行时，测试员需提醒其保持正确的测试姿势。第二次无法保持正确测试姿势时，终止测试。

①

②

图 7-2-4-5　侧卧核心（左）力量测试

（4）**数据记录**：

记录测试总时长，精确至 0.1s。

子任务五　动态肌肉耐力测试

1. YMCA 卧推测试

YMCA
卧推测试

（1）**测试目的：**测试受试者上肢的肌肉耐力。

（2）**测试器材：**标准卧推架、标准杠铃杆、标准杠铃片、安全锁扣、节拍器。

（3）**测试步骤与要求：**

① 在保护人员的协助下，将杠铃杆抬离卧推架并将其移到胸部正上方。

② 此时以平稳且可控的方式开始执行测试动作。

③ 过程中需跟随节拍器的节奏到达动作的最高点和最低点。

④ 要求受试者要以 30 次 / 分的节奏推恒定负荷，直到其无法维持规定的节奏时停止测试（图 7–2–5–1）。

①

②

③

图 7–2–5–1　YMCA 卧推测试

（4）**数据记录：**

记录受试者完成正确动作的次数。

（5）**数据解读 / 分析：**

以整个测试中完成的重复次数作为最终成绩。测试员可通过以下公式估算出受试者卧推的 1RM。

男性 1RM（kg）=1.55×（以 30 次 / 分的节奏执行重复次数）+37.9

女性 1RM（kg）=0.31×（以 30 次 / 分的节奏执行重复次数）+19.2

通过公式估算出卧推的 1RM 后，便可与下表中的数据进行比较，对受试者上肢肌耐力进行评估。

表 7-2-5-1　卧推的肌肉耐力标准值

年龄 / 岁	18~25		26~35		36~45		46~55		56~65		＞65	
等级（%）	男性	女性	男性	女性	男性	女性	男性	女性	男性	女性	男性	女性
90	49	49	48	46	41	41	33	33	28	29	22	22
80	34	30	30	29	26	26	21	20	17	17	12	12
70	26	21	22	21	20	17	13	12	10	9	8	6
60	17	13	16	16	12	10	8	6	4	4	3	2
50	5	2	4	2	2	2	1	0	0	0	0	0

注：分数计算基础为 1 分钟内完成的重复次数，男性使用 36kg（80 磅）的负荷量，女性使用 16kg（35 磅）的负荷量。

2. 引体向上 / 斜卧引体向上

引体向上　斜卧引体向上

（1）**测试目的：**测试受试者前臂和上臂屈肌耐力。

（2）**测试器材：**高单杠、秒表。

（3）**测试步骤与要求：**

- 引体向上

① 受试者正手握杠。双臂伸直悬挂在单杠上，以此作为起始姿势（图 7-2-5-2 ①）。

② 开始后受试者将身体向上拉起，直到下颌超过单杠，并回到起始姿势时算完成一次（图 7-2-5-2 ②）。

③ 过程中受试者尽量不要做多余动作，其中包括身体的摆动。

④ 如有必要，测试人员可以伸展手臂放在受试者的大腿前方，以防其身体过度摆动。

①

②

图 7-2-5-2　引体向上

• 斜卧引体向上

① 受试者仰卧在地面上，双手与肩同宽正握杠，两脚前伸蹬地，臀部离开地面，双臂和双腿应该保持伸直（图 7-2-5-3 ①）。

② 开始后，手臂上拉至肘关节小于 90°，然后伸臂复原为完成一次（图 7-2-5-3 ②）。

③ 过程中不允许发生任何摆动。

①

②

图 7-2-5-3　斜卧引体向上

（4）**数据记录：**

该测试既能以受试者的极限个数为总成绩，又能以规定时间内引体向上的总次数为总成绩。

3. 半卷腹

半卷腹

（1）**测试目的：**测试受试者前腹的肌肉耐力。

（2）**测试器材：**瑜伽垫、白胶布、秒表。

（3）**测试步骤与要求：**

① 在地板上放置两条相距 10cm 的平行线。

② 让受试者躺在地板上，下肢屈膝，上肢手臂完全伸展，手指碰触第一条线（图 7-2-5-4 ①）。

③ 开始测试后，受试者向上弯曲躯干和背部，使双手的中指都触碰到第二条线，同时双 脚在地板上保持不动，然后回到起始姿势（图 7-2-5-4 ②）。

④ 受试者以 20 个动作每分钟的节奏在 60s 内最大限度地完成测试动作。

①

②

图 7-2-5-4 半卷腹

（4）**数据记录：**

记录完成的次数。

小 结

肌肉力量在运动中具有至关重要的作用，而如何测评人体肌肉力量的大小是掌握肌肉力量现状、评价力量训练效果的关键环节。本项目首先介绍了力量的定义与影响肌肉力量的神经肌肉学因素，其次从五个方面重点讲述了肌肉力量和肌肉耐力的测评方法，即一次重复最大力量测试、多次重复最大力量测试、等长力量测试、静态肌肉耐力测试和动态肌肉耐力测试。

实践作业

1. 自选一个运动项目并为该项目设计肌肉力量测试方案。
2. 请你作为一名受试者，根据半卷腹的测试步骤与要求进行测试。
3. 请你作为一名测试员对一名受试者进行 1RM 深蹲测试。

作业与思考

1. 根据你的认识，谈一谈为什么测试肌肉力量很重要?
2. 在进行 1RM 卧推测试时，作为测试员需要记住哪些测试要点？作为受试者需要记住哪些测试要点？

项目八 无氧耐力测试与评估

许多运动项目并不像马拉松那样持续性地进行中低强度的运动，而是需要一次又一次地进行高强度爆发式的运动，并穿插进行短时间的休息或者低强度的活动。这些高强度爆发式的运动主要是由无氧代谢提供能量，评估无氧代谢系统的能力一直是体能测试与评估的重点之一，存在不少经典的测试方法。本项目将会对其中常用的方法进行介绍。

【学习任务与学习目标】

·学习任务

1. 学生之间相互完成无氧耐力测试的不同的方法。
2. 能正确使用不同器材完成无氧耐力测试方法实操。

·学习目标

知识目标：

通过本项目的学习，了解无氧耐力在运动中的重要性；理解无氧耐力相关影响因素以及测试的相关原理；掌握无氧耐力测试的具体要求及注意事项。

能力目标：

通过本项目的学习，学生之间能够完成无氧耐力的测试，并能及时发现和纠正无氧耐力测试评估中出现的问题，同时能对相关评价标准数据进行分析和解读。

素养目标：

通过本项目的学习，培养学生良好的体育职业规范，在教学过程中培养学生认真严谨的训练学习态度以及持之以恒、不怕失败、勇于拼搏的体育精神。

任务一　无氧耐力相关知识认知

许多运动项目的表现都受到最大速度、加速度和爆发力的影响，这些高强度运动主要是由无氧代谢推动的。对于持续不到 1min 的全力运动，所需总能量的一半以上是无氧供能系统产生的。因此，无氧供能系统的训练一直是教练员关注的话题。虽然在训练中很受重视，但是在实践交流和应用过程中，由于一些术语存在着模棱两可的定义，导致实践者对其缺乏深刻的理解，从而存在不加区分进行滥用的现象，这极大地限制了从业人员对无氧代谢系统功能的理解，为了对其有更清晰的认识，首先需要厘清一些关键术语。

一、无氧功率

无氧功率可定义为无氧供能系统单位时间内释放的最大能量，由于在短时间运动中不能直接准确测量能量底物的利用情况，所以一般对短时间全力运动中产生的最大功率进行测试，这反映了肌肉内高能三磷酸腺苷（ATP）和磷酸肌酸（PCr）和 / 或无氧糖酵解的能量输出能力。无氧功率输出主要取决于参与运动的肌肉数量、神经肌肉募集，以及功率与身体质量的比值。

二、无氧能力

无氧能力指机体在无氧代谢系统供能下完成大强度运动时做功的总量，可理解为该系统可用的全部能量。一般取决于骨骼肌中高能磷酸化合物的储存量，以及大强度运动中机体抵抗代谢压力的能力。评估无氧能力的测试通常会强调 ATP-CP 和糖酵解能量系统的使用。下文中术语平均功率通常与无氧能力同义使用。

任务二 无氧耐力的测试方法与评估

无氧代谢过程所需的所有底物都位于肌肉细胞内。这些物质只能通过实验室方法直接测量，例如肌肉活检或 31P-MR 光谱。测定能量代谢的中间产物或最终产物，如外周血中的乳酸或丙酮酸，由于扩散和消除过程的复杂动态变化，只能进行间接评估。而上述的这些方法具有侵入性且需要较高的技术和设备成本。因此，此部分仅对经典的无氧耐力测试方法进行介绍，然后给出一些简单且易于操作的场地类评估手段。

（一）30 秒无氧功率测试（30 秒 Wingate 测试）

（1）**测试目的：**该测试通常在功率自行车上进行，主要测试个体的无氧能力和无氧功率输出。

（2）**测试器材：**功率自行车、计算机和测试软件（可选）、体重秤、记录表、秒表。

（3）**测试步骤与要求：**

① 测量体重（kg）：受试者必须穿着轻便的衣服称重，并脱掉鞋子，不得佩戴装饰品。

② 计算“测试重量”（kg）。测试重量是受试者体重的 7.5%（测试重量是测试过程中对飞轮施加的阻力）。

$$测试重量（kg）= 体重（kg）\times 0.075$$

③ 热身

开始骑行：受试者必须用 60W（女性）或 90W（男性）的阻力以 60 转每分（Revolutions Per Minute，r/min）的转速骑行 3~4min。换句话说，所有受试者均以 60r/min 的速度骑车，女性阻力至少 1kg，男性阻力至少 1.5kg。注意：一个负重片通常重 1kg。

热身冲刺：热身 3~4min 时，测试员抬起负重片支架并添加负重片，此时受试者继续以 60r/min 的速度无阻力骑行。负重片装填完毕后，测试员开始倒数“3—2—1—开始”。在“开始”时，测试员必须放下负重片，受试者必须尽快从 60r/min 加速到最大速度，持续约 3s。随后测试员应清楚地喊“停”，并应卸下负重片，以便在不使用测试负重片的情况下，受试者可以继续骑自行车 1min 左右。

④ 热身后

4min 的热身结束后，受试者应休息 2min，然后再进行测试。

⑤ 开始测试

- 受试者应开始以 60r/min 的速度骑自行车约 10s，并且不要负重。
- 测试员应倒数“3—2—1—开始”。
- 在“开始”信号上，测试员放下负重片支架，受试者应开始全力加速并尝试在整个 30s 的测试中保持最大速度。注意：测试员必须在测试过程中提供口头鼓励。

⑥ 结束测试

测试员应倒数测试的最后 3s，倒数“3—2—1—停”。当测试结束时，一些受试者可能会对测试产生反应。为了避免出现问题，受试者在测试结束后需要继续在自行车上以 60~80r/min 的速度无负重继续骑行 2~3min。

（4）**注意事项：**

① 保持坐姿：在整个测试过程中，受试者应保持坐姿。否则，将需要重新测试。

② 个人努力程度：不尽全力可能会导致测试不准确，测得结果将毫无意义。

③ 昼夜节律：昼夜节律会显著影响功率输出。当前的研究表明，与下午或傍晚进行的 Wingate 测试相比，清晨进行 Wingate 测试时产生的峰值功率明显更低。

④ 采样率：采样率会严重影响峰值和平均功率输出的准确性。与使用标准机械功率自行车进行的测试相比，使用计算机数据传送以更高的采样率进行的 Wingate 测试显示出了更高的准确性。为了获得最准确的结果，建议采样率至少为 5 Hz（每 0.2s 一次）。

（5）**数据解读 / 分析：**

以下是 Wingate 无氧测试中常用的测试指标。

- 峰值功率输出（PPO）

该值应在测试中每 5 秒计算一次（总共 6 个 PPO）。峰值功率输出计算公式如下：

PPO= 力（kg）× 距离（m）÷ 时间（s）

距离 =5 秒内的转数 × 每转距离（m）

注：力是飞轮上增加的重量；时间以秒或分钟（5s 或 0.0833min）为单位；距离是转数乘以每转距离。

- 相对峰值功率输出（RPP）

该度量单位允许受试者之间的公平比较。相对峰值功率输出计算公式如下：

RPP = 峰值功率（W）÷ 体重（kg）

- 无氧疲劳 / 疲劳指数（AF）

无氧疲劳显示了从测试开始到结束的功率损耗百分比。无氧疲劳 / 疲劳指数计算公式如下：

AF=（峰值功率 － 最低功率）÷ 峰值功率 × 100

• 无氧能力（AC）

无氧能力是指测试期间完成的总功。无氧能力计算公式如下：

AC= 每 5 秒 PPO 的总和

（二）基于跑动的无氧冲刺测试（6 × 35m 折返跑 +10s 间歇）

（1）**测试目的：**基于跑动的无氧冲刺测试（Running Based Anaerobic Sprint Test，RAST）是由德雷珀（Draper）和怀特（Whyte）于 1997 年提出该测试（至少需要两位测试员，一位对每个冲刺的时间进行计时，另一位对 10s 的恢复时间进行计时）。旨在测试无氧功率和无氧能力。

（2）**测试器材：**长度至少 50m 的测试场所、体重秤、电子计时门（首选，但不是必需的）、卷尺、秒表、标记桶、记录表。

（3）测试场地（图 8–2–1）。

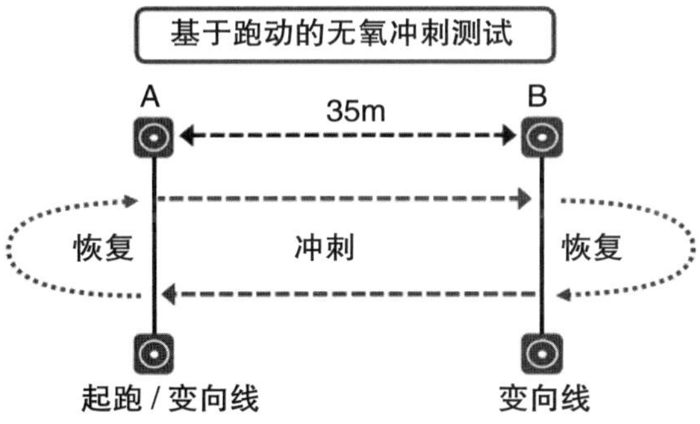

基于跑动的无氧冲刺测试

图 8–2–1　RAST 测试示意图

（4）**测试步骤与要求：**

① 测量体重（kg）

受试者必须穿着轻便的衣服称重，并脱掉鞋子，不得佩戴装饰品。

② 热身

受试者应在测试开始前彻底进行热身。热身活动应与测试方案的生物力学和生理特征相对应。此外，在热身之后有足够的恢复时间（3 ～ 5min）。

③ 开始测试

• 受试者在 35m 跑道的起跑线以站立式姿势准备（即标志桶 A）。

• 测试员应倒数测试的开始时间（“3—2—1—开始”）。

• 在“开始”信号上，终点测试员（站在终点线上）按下秒表上的计时按钮，并且受试者必须全力冲刺到 35m 跑道的尽头（即标志桶 B）。

- 受试者越过 35m 线时，终点测试员必须喊“到”，停止计时并记录冲刺持续时间。起点测试员在听到“到”后开始 10s 恢复的倒计时。两位测试员交替进行冲刺计时和间歇恢复计时。
- 在恢复期间，受试者应该准备好再次进行 35m 的冲刺。
- 测试员应分别记录 6 次冲刺的持续时间，精确到 0.01s，并负责 10s 的恢复。
- 重复此过程，总共进行 6 次冲刺。

（5）**数据解读 / 分析：**

峰值功率输出（PPO）公式如下。

$$PPO=体重\times 距离^{2}\div 时间^{3}$$

然后，根据六次冲刺时间和 PPO，可以计算出以下内容。

- 最大功率输出（即最大值）。
- 最小输出功率（即最小值）。
- 平均输出功率（即 6 个值的总和 ÷6）。
- 疲劳指数（FI）

该值表示受试者在冲刺过程中功率（W）下降的速率。值越低，受试者保持运动的能力越好，反之亦然。FI 值较高的受试者可能需要提高其无氧能力和抗疲劳能力。FI 的计算公式如下：

$$FI=（最大功率-最小功率）\div 6 个冲刺的总时间$$

- 相对峰值功率输出（RPP）

该度量单位允许受试者之间的公平比较。计算公式如下：

$$RPP=峰值功率\div 体重$$

- 无氧能力

无氧能力是指测试期间完成的总功。计算公式如下。

$$AC=6 次冲刺 PPO 的总和$$

（三）重复冲刺能力测试（10×20m 冲刺 +20s 间隔）

重复冲刺能力测试包括 10 次间歇为 20s 的 20m 冲刺。该测试方案发布于《澳大利亚网球体能手册》。

（1）**测试目的：**测试无氧能力，即在重复冲刺之间恢复并反复产生相同运动水平的能力。

（2）**测试器材：**计时门、秒表、卷尺、标记锥。

（3）**测试场地：**

至少 20m 的平坦防滑跑道（图 8-2-2）。

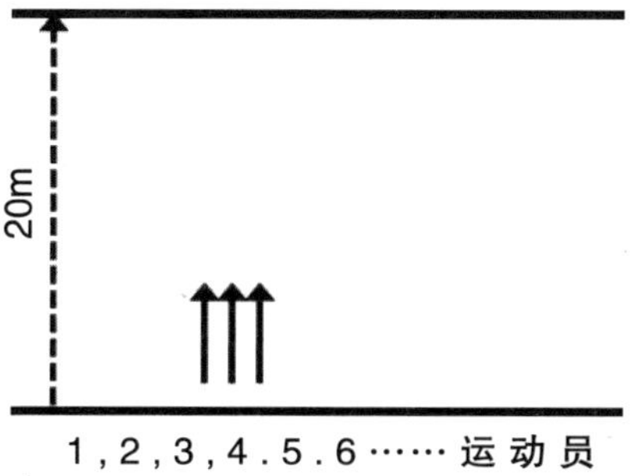

图 8-2-2　重复冲刺能力测试示意图

重复冲刺能力测试

（4）**测试步骤与要求：**

在测试员的指示下，受试者将脚置于起跑线，等待“开始”的信号。受试者一启动则开始计时。受试者应全力冲刺 20m，确保在到达终点线之前不减速。如果没有计时门，则需 2 块秒表，一块用于计冲刺时间，另一块用于计间隔时间。记录每一次冲刺的时间。冲刺完成后受试者需要转身，走到 20m 跑道的标记线，准备朝相反方向跑下一个冲刺。受试者在起跑之前，测试员需要给出“剩余 10s、3s、2s 和 1s”的倒计时提示。后续每一次冲刺都是在前一个冲刺起跑后 20s 进行，即 20s、40s、1min、1min20s 等时间点起跑，以此类推，这个循环一直持续到完成 10 次冲刺。

（5）**数据记录：**

记录每一次冲刺用时。

（6）**数据解读与分析：**

递减百分比按以下公式计算。

$$[10\text{次冲刺总时间} - (\text{最佳用时} \times 10)] \div 10\text{次冲刺总时间} \times 100$$

（四）最大无氧跑步测试（跑步机 20s 冲刺 +100s 间歇，不断提升跑速）

最大无氧跑步测试（MART）是由芬兰于韦斯屈莱 (Jyvaskgla) 的奥林匹克体育研究所开发的。MART 包括在跑步机上重复进行 20s 的冲刺和 100s 的休息。冲刺速度不断增加，直到力竭。MART 用于测试短跑运动员（400m）、中长跑运动员（800m 至 10km）和越野滑雪运动员（在跑步机上用杆）的无氧能力。MART 还被修改为 MACT（自行车测试），可用于对速滑运动员和自行车运动员的无氧能力进行测试。

最大无氧跑测试

（1）**测试目的：**测量评价无氧能力。

（2）**测试器材：**跑步机、秒表。

（3）**测试步骤与要求：**

在跑步机上进行标准的热身运动，以 8km/h 的速度和 0 坡度跑 5min。热身还应包括跑步机在高速运转的情况下进行上、下跑步机进行冲刺的熟悉性练习。测试时需要在跑步机上跑 20s，两次跑步之间恢复 100s。第一次跑步的速度为 3.97m/s（14.3km/h），倾斜度为 5°（8.75%）。此后，每跑一次，速度增加 0.35m/s（1.26km/h），直到力竭。只允许在上、下跑步机时扶着跑步机扶手。在最后的跑步过程中，应给予鼓励。一旦受试者不能按照设定的速度进行跑动，测试停止（图 8-2-3）。

图 8-2-3　最大无氧跑步测试

（4）**数据记录：**

记录最后一次顺利完成 20s 跑动的最高跑速，以及最后因力竭结束测试那次跑动所坚持的时间。

（5）**注意事项：**

为了安全起见，在进行测试时应在受试者身上系上与跑步机制动器相连的安全带。

该测试的原始文章中跑步机的倾斜度为 5°，在后来的一些测试中，这一倾斜度被降低到 4°，而且在一些研究中，起始速度和速度增加幅度也被改变了。

（6）**数据解读与分析：**

可以简单地以速度和时间来记录测试成绩，也可以用美国运动医学会（ACSM）的公式将跑动表现量化为功率测量：

$$VO_2\text{（ml/kg·min）} = 3.5 + 12v + 54gv$$

其中 v 代表跑步机的速度（m/s），g 代表跑步机的斜率，表示为与水平面夹角的正切值。使用上述公式，最大无氧功率可以用最后一次顺利完成 20 秒冲刺的速度和随后因为力竭而停止测试那一次跑动中在力竭前所坚持的时间来计算。如果受试者在冲刺开始后 10s 出现力竭并停止测试，则功率或速度结果增加 1 ml/kg · min 或 0.06 m/s。此后每多坚持 2s，就增加 1 ml/kg · min 或 0.06 m/s。如果在整个测试过程中也进行血乳酸测量，则也可以通过比较整个测试过程中的乳酸和功率测量值来确定运动员的跑步经济性。

（五）500m 赛艇测功仪测试

500m 赛艇测功仪测试

这是一项专门针对赛艇运动员的体能测试。

（1）**测试目的：**测量无氧能力。

（2）**测试器材：**划船测功仪。

（3）**测试步骤与要求：**

受试者在测功仪上坐好并系好蹬踏板的绑带，准备开始 500m 测试。测试之前需要先设置好阻力，女性的阻力系数为 90，男性为 100。测试的目的是在尽可能短的时间内完成 500m，所以受试者需要全力进行测试（图 8-2-4）。

① ②

图 8-2-4 500m 赛艇测功仪测试

（4）**数据记录：**

记录完成 500m 所需时间和平均桨频。

小 结

无氧功率和无氧能力是两个不同的概念，在测试的过程中有必要对这两个概念进行区分，因为如果不能理解这两个概念，那么根据测试的结果可能会把训练导向错误的方向。从业人员在选择测试方法时需要综合考虑设备成本及学习成本，场地类测试作为实验室测试的替代方案，是一种便捷有效的评估方法。

实践作业

1. 同学之间互相进行无氧耐力测试。
2. 根据测试结果对无氧功率及无氧能力进行评估。

作业与思考

思考本节所介绍测试的共同特点。

项目九　有氧耐力测试与评估

耐力是运动员体能素质中的重要指标之一，大多数运动项目都需要具备相应的有氧耐力水平。铁人三项、登山和田径运动的中长跑、竞走等是以有氧耐力为导向型项目，有氧耐力水平的高低直接影响运动成绩的好坏。诸多其他项目中有氧能力也至关重要，例如足球运动，在正常比赛中跑动的距离高达数万米，若没有良好的有氧耐力水平，就不能更好地在高强度的比赛中竞争和对抗。本项目讲述了有氧耐力的基本概念、生理机制、影响有氧耐力的因素，以及有氧耐力测试的步骤与方法。

【学习任务与学习目标】

·学习任务

1. 学生之间相互完成有氧耐力测试的不同方法。
2. 能正确使用不同器材完成有氧耐力测试方法实操。

·学习目标

知识目标：

通过本项目的学习，了解有氧耐力在运动中的重要性；理解影响有氧耐力相关因素以及测试的相关原理；掌握有氧耐力测试的具体要求、方法及注意事项等。

能力目标：

通过本项目的学习，同学之间相互完成有氧耐力的测试并能及时发现和纠正有氧耐力测试评估中出现的问题。同时能对有评价标准数据进行分析和解读。

素养目标：

通过本项目的学习，培养学生良好的体育职业规范，在教学过程中培养学生精益求精的工匠精神、认真严谨的训练教学态度以及持之以恒、不怕失败、勇于拼搏的体育精神。

任务一　有氧耐力相关知识认知

有氧耐力是人体长时间进行运动的能力本章内容介绍了有氧耐力的定义，相关生理概念，以及影响因素等相关知识。

一、有氧耐力的定义

有氧耐力，也叫有氧能力，是指人体长时间进行有氧工作（糖、脂肪、蛋白质）的能力。有氧耐力是建立在人体运动过程中所需要的氧、机体摄取氧的能力和机体运动后恢复能力的动态平衡之中。

二、与有氧耐力相关的生理概念

（一）最大摄氧量

人体在进行长时间剧烈运动过程中，有大量肌肉参与，当心肺功能和肌肉利用氧的能力达到人体最大极限时，单位时间内所能够消耗的最大氧气量，称为最大摄氧量（VO_2max）。

最大摄氧量能够反映心肺功能的综合指标，其表示方法有两种，一种是用绝对值以升/分（L/min）为单位，表示机体每分钟内所能吸入的最大氧气量。因需氧量和体重成正比关系，所以最大摄氧量用绝对值进行个体间的比较会不准确。另一种是用相对值，以毫升/千克体重·分（ml/kg·min）为单位，以人体每千克体重来计算的最大摄氧量。我国成年男性正常最大摄氧量绝对值为3.0~3.5L/min（运动员可达到5~7L/min），相对值为50~55ml/kg·min；成年女性正常最大摄氧量绝对值为2~2.5L/min，相对值为40~45 ml/kg·min，女性低于男性。

（二）需氧量与摄氧量

1. 需氧量

需氧量是指人体为了维持某种生理活动所需要的氧气量。每分钟需氧量是指人体每分钟所需要的氧气量。总需氧量是指人体完成某项运动所需要总的氧气量。

人体为了维持正常的生命活动需要一定的氧气量，正常成年人安静时的需氧量约为250 ml/min。

人体在运动过程中所需要的氧气量与运动强度和运动时间有密切的关系。运动强度越大，每分需氧量就越大，但由于持续时间较短，总需氧量就相对少；运动强度越小，每分需氧量就越小，但由于持续时间较长，总需氧量就相对大。例如，百米赛跑过程中需氧量可达 40L/min，总需氧量却仅为 7L；而在马拉松运动过程中需氧量为 2~3.5L/min，而总需氧量可达 700L 以上。由此得出，人体运动过程中每分钟需氧量可以反映运动强度的大小，总需氧气量可以反映运动时间的长短。

运动时总需氧量的计算公式：

总的需氧量 = 运动时每分钟摄氧量 × 运动时间 + 恢复期每分钟摄氧量 × 恢复时间 – 安静时每分钟摄氧量 ×（运动时间 + 恢复时间）

从总需氧量中减去运动过程中安静时需氧量的平均值，能够更加精确地计算从事某项运动的净需氧量。

2. 摄氧量

摄氧量指单位时间内机体实际摄取并利用的氧气量（VO_2），也称为耗氧量，摄氧量是以分钟为单位计算，故称为每分钟摄氧量。

安静状态下，基础代谢率低，能量消耗少，单位时间内机体所摄取的氧气量完全能够满足于实际需氧量，这时每分钟摄氧量和每分钟需氧量达到平衡状态（200~300ml）。运动时，摄氧量会随着运动时间和运动强度的递增而增加，当运动强度增大到一定程度时，摄氧量不能满足需氧量的需求就会出现氧亏。

3. 乳酸阈

人体在运动过程中，随着运动强度的增加，机体能量的来源从有氧供能为主逐渐过渡到无氧供能为主。在递增负荷中，有氧代谢产生的能量不能满足身体需要时，会使一部分肌糖原在无氧条件下分解功能产生乳酸，肌乳酸通过肌细胞进入血液，导致血乳酸浓度明显增加，从而出现乳酸阈。确定乳酸拐点，最准确的办法就是明确乳酸阈值和乳酸激增点。乳酸阈值是耐力运动过程中观察到非线性增加超过 1mmol/L 时的功率；乳酸激增点是递增负荷运动中血乳酸含量为 4mmol/L 时相应的功率。一般情况下，乳酸激增点出现时运动强度和最

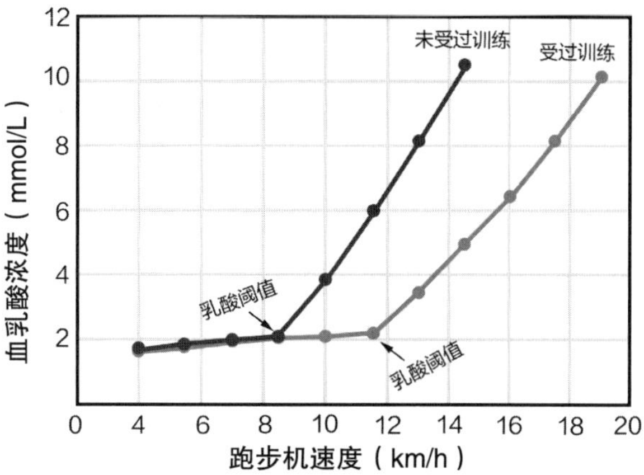

图 9–1–1 训练前后乳酸阈值的对比

大摄氧量通过比乳酸阈值出现时更高（图 9–1–1 和图 9–1–2）。因此，乳酸阈值可以更好地预测运动持续时间为 60~75min，乳酸激增点能够更好地预测运动持续时间为 20~40min。

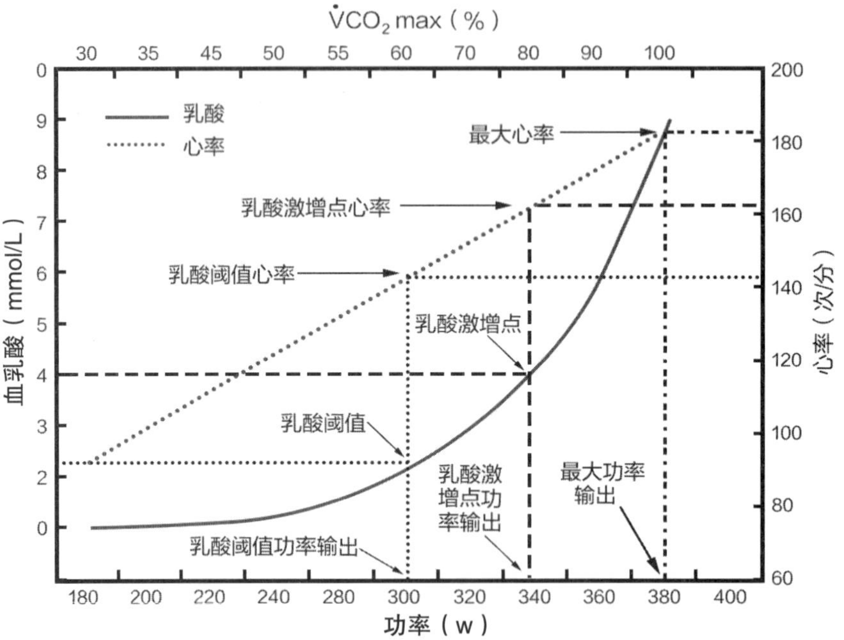

（引自：Janssen，2001）

图 9–1–2　乳酸阈值和乳酸激增点的对比

在递增负荷中，当运动强度较小时，血乳酸（体内糖代谢的中间产物，主要由红细胞、横纹肌和脑组织产生）浓度与安静值相接近。随着运动强度的增加，血乳酸浓度也会逐步增加，当运动强度超过某一负荷时，血乳酸浓度急剧上升的那一点（乳酸拐点）称为乳酸阈。乳酸阈对应的运动强度就是乳酸阈强度（图 9–1–1），它能够反映人体的代谢方式由有氧代谢为主向无氧代谢为主过渡的转折点或临界点。由于每个人的个体差异、训练水平和训练方法的不同，乳酸阈也不太可能一样，正常值为 1.4~7.5mmol/L。因此，个体在递增负荷中的拐点称为“个体乳酸阈”。

受试者在跑台上进行了 3 分钟一次的递增负荷运动，每次负荷结束后第一时间进行血液采集，以及血乳酸浓度的测定。图 9–1–1 是经过 3 个月的有氧训练，受试者乳酸阈发生了右移，说明该名受试者有氧工作能力提高了。

近年来，有很多方法定义和描述最能反映耐力递增测试中的乳酸拐点，耐力好坏体现在，一个人尽可能在高强度下长时间运动而不易疲劳和不受乳酸堆积影响的能力，这些因素就依赖于乳酸阈值。研究表明，耐力运动中与乳酸阈值的关系比最大摄氧量的关系更密切，这可以解释为什么具有相同最大摄氧量的运动员往往在耐力比赛中的表现有所不同。它还可以解释一个人的耐力持续增加而最大摄氧量没有增加的情况。最大摄氧量能够反映人体在运动时所摄取的最大氧气量，乳酸阈反映了人体在递增负荷运动中血乳酸浓度没有出现急剧堆积的最大摄氧量实际利用的百分比，也就是最大摄氧量利用率（VO_2max）。其值越高，有氧能力越强，其值越低，有氧能力越弱，成正比关系。和最大摄氧量一样，乳酸阈的高低更能够反映有氧工作能力的指标。

4. 通气阈

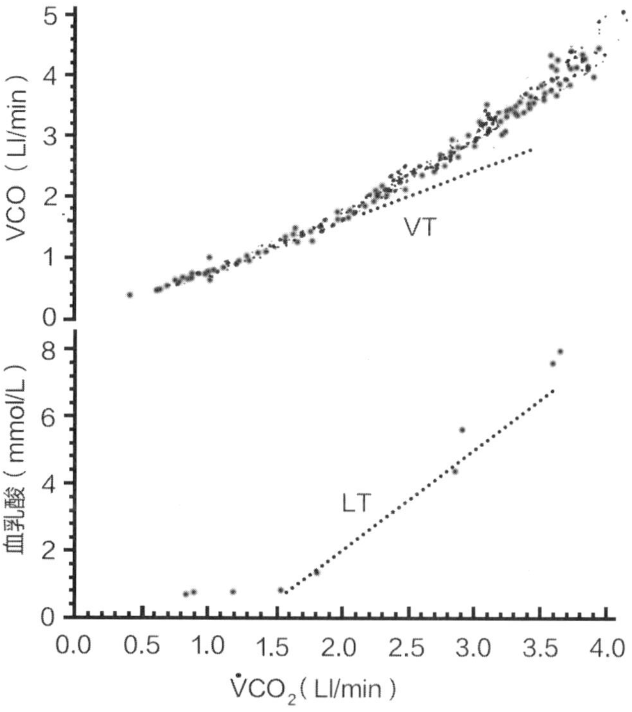

图 9-1-3　通气阈（VT）和乳酸阈（LT）的关系

在递增负荷运动中，用肺通气量变化的拐点进行测定乳酸阈，称为通气阈（VT）。通气阈是能够判断乳酸阈非损伤性的常用指标，一般情况下，采用肺通气量急剧上升的拐点进行确定。研究表明，在递增负荷运动中，气体代谢的各项指标随运动强度的增加而发生一些相应的变化，当乳酸阈浓度急剧上升时，肺通气量和二氧化碳呼出量等指标出现非线性的上升（图 9-1-3），这种变化可以确定乳酸阈的产生。多数学者认为，采用气体代谢的行为进行综合判断会比较客观。

测定通气阈时，让受试者在跑台上或功率自行车上进行递增负荷运动，通过气体分析仪收集和记录人体运动过程中肺通气量、摄氧量和二氧化碳排出量等数据，把肺通气量和二氧化碳出现急剧上升（非线性）的拐点确定为通气阈。

人体出现缺氧是引起肺通气量急剧增加的重要因素之一。在进行低强度运动时，主要供能形式是有氧供能，随着运动强度的加大，有氧代谢产生的能量便不能满足需氧量，糖酵解供能的占比就会增加，进而使血乳酸浓度增加。此时，体内碳酸氢盐缓冲乳酸，生成乳酸钠与碳酸，导致细胞中的二氧化碳产生量增加。由于动脉血中的碳酸氢根（HCO_3^-）减少，二氧化碳分压（PCO_2）和氢离子（H^+）浓度增多，就会刺激颈动脉体和呼吸中枢，维持体内正常的酸碱平衡，排除更多的二氧化碳，产生过度通气现象。所以，在递增负荷运动中，达到乳酸阈时会出现通气量和二氧化碳排出量非线性增加的情况。

三、有氧耐力的影响因素

有氧耐力与运动员其他身体素质密切联系，耐力不仅受先天性的身体结构特征的影响，还与机体氧运输能力、神经系统调节、肌肉利用氧的能力和心理素质及能量供应等因素有关。心肺功能影响有氧耐力的中枢机制，肌纤维类型和骨骼肌的代谢特征影响有氧耐力的外周机制。

（一）氧运输能力

肺通气和换气影响人体的吸氧能力。空气中的氧气通过呼吸系统进入人体，与肺部毛细血管进行气体交换，心脏泵血功能保持“通气 / 血流比值”，肺通气量越大，就会吸入更多的氧气，呼吸的深度与频率会影响肺通气量的变化。所以，在运动过程中，掌握和提高有效的呼吸方法，增强呼吸能力，就能够提高身体的有氧耐力水平。

心脏的泵血功能与有氧耐力也有密切的关系。心输出量受每搏输出量和心率的影响，在一定的范围内，心输出量会伴随着每搏输出量和心率的增加而增加。运动训练可以使心脏的机能和形态发生适应性变化，主要体现在左心室内腔增加、心容积增大、安静时心率减慢、每搏输出量增加等。每搏输出量决定心室腔容积大小和心肌收缩力量。

红细胞的数量也是影响有氧耐力的因素之一。血液中红细胞所包含的血红蛋白具有运输氧气的功能，运动员体内血红蛋白下降约 10%，便可导致运动成绩下滑。

（二）中枢神经系统

耐力训练能够提高中枢神经系统的工作能力，还能改善器官和系统之间密切合作所必需的神经联系。疲劳会影响机体的训练兴奋，主要发生在中枢神经系统。所以，中枢神经系统工作能力下降是造成人体疲劳的主要原因。为了提高训练兴奋，应该尽可能地防止神经中枢的疲劳。在训练过程中采用固定不变的负荷和适当的强度，能够全面提高和加强中枢神经系统的兴奋，从而提高和加强控制专项耐力的神经肌肉系统。此外，在疲劳状态下进行长时间耐力活动，也有利于提高神经细胞承受强大负荷的能力。

（三）骨骼肌类型

不同肌组织的有氧代谢能力不同。肌肉内毛细血管的增加，可使每分钟肌肉血流量增加，血液中便能获得更多的氧气供给肌肉。每 100ml 动脉血通过组织时组织利用氧的百分率即为氧的利用率，表示肌肉利用氧的能力。肌肉利用氧的能力主要与肌纤维类型和代谢特点有关。运动员慢肌纤维百分比高，肌红蛋白和线粒体及氧化酶活性就高，毛细血管数量增加，有氧能力就较强。

（四）个性心理

运动员在训练过程中的动机和兴趣，以及面临运动的心理稳定性、自持力、意志品质、努力程度都会直接影响耐力水平，在耐力训练中特别是意志品质起着至关重要的作用。如果运动员意志力不能强迫神经中枢继续工作或提高工作强度（终点冲刺），也就达不到运动中所要求的强度。人类具有极大的耐力潜力，这种潜力只有通过调动运动员的意志力去克服身体中的疲劳，才能得到最大限度的发挥。

（五）能量供应

糖和脂肪的供能是影响有氧耐力的重要因素之一。耐力性项目持续时间长、强度小，主要以有氧供能为主。随着运动时间的延长，糖原利用减少，脂肪比例增加。机体供能物质的储存、氧化酶的活性、肌肉有氧氧化过程的效率和动用脂肪供能的能力等，均能够通过有氧耐力训练来提高。

任务二　有氧耐力的测试方法与评估

本任务介绍了 Yo-Yo 测评，12 分钟跑，1.6 千米走，台阶实验以及实验室测试有氧耐力等有氧耐力测试方法。

子任务一　Yo-Yo 体能测评

Yo-Yo 体能测评又叫间歇恢复测试，用于评估重复性高强度练习的能力，Yo-Yo 体能测评为 20m 折返跑，通过移动的距离，估算出最大摄氧量，确定受试者的心肺耐力水平。Yo-Yo 体能测评分为两种级别：一种是 Yo-Yo 测试 1 级，用于评估人体激活有氧能量系统间歇性的能力；另一种是 Yo-Yo 测试 2 级，用于评估人体在高强度无氧需求的重复性练习后的身体恢复能力。

在这两种级别 Yo-Yo 体能测评过程中，心率都会逐渐增加，这也能够反映出摄氧量的增加，这两种 Yo-Yo 体能测评都能够反映出这个总体趋势，但 2 级测试在测试过程中心率增长的速度更快。这两个级别都能评估人体间歇性运动的最大心率和完成时的最大距离及身体能力。

两个级别的测试都需要 25m 的跑道，这 25m 包含 20m 的跑步区域和 5m 的恢复区域（图 9-2-1）。受试者在测试过程中，以递增的速度进行两次 20m 折返跑，也就是一个来回共 40m，其中穿插了 10s 的恢复时间，即在恢复区慢跑 5m。

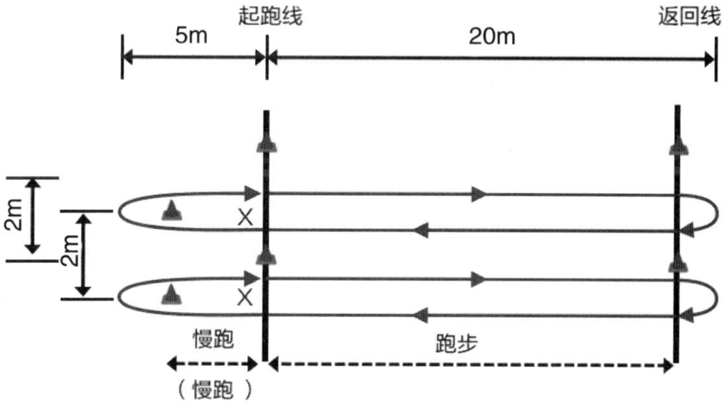

图 9-2-1　Yo-Yo 间歇性恢复测试（Yo-Yo IRT）的场地布置

1. Yo-Yo 测试 1 级与 2 级区别

Yo-Yo 测试 1 级，开始时的速度为 10km/h，包含 4 个 10~13 km/h（0~160 米）的速度进行折返跑步，7 个 13.5~14km/h（160~440m）的速度进行折返跑步。从此时开始，每跑 8 个来回后，速度增加 0.5km/h，直到受试者出现力竭。

Yo-Yo 测试 2 级，以更高的速度，开始时的速度为 11.5km/h，在每第一阶段完成时，速度增加 0.5km/h，直到受试者出现力竭。Yo-Yo 测试 1 级测试时间为 10~20min，适用于训练较少的受试者；Yo-Yo 测试 2 级测试时间约为 5~15min，适用于更高级的受试者（表 9-2-1 所示）。

表 9-2-1　Yo-Yo 测试 1 级与 2 级对比

Yo-Yo 测试 1 级					Yo-Yo 测试 2 级				
阶段	速度（km/h）	往返跑来回（2×20m）	分段的距离（m）	累计距离（m）	阶段	速度（km/h）	往返跑来回（2×20m）	分段的距离（m）	累计距离（m）
1	10	1	40	40	1	11.5	10	200	200
2	12	1	40	80	2	12	11	220	420
3	13	2	80	160	3	12.5	11	220	640
4	13.5	3	120	280	4	13	11	220	860
5	14	4	160	440	5	13.5	12	240	1100
6	14.5	8	320	760	6	14	12	240	1340
7	15	8	320	1080	7	14.5	13	260	1600
8	15.5	8	320	1400	8	15	13	260	1860
9	16	8	320	1720	9	15.5	13	280	2140
10	16.5	8	320	2040	10	16	14	280	2420
11	17	8	320	2360	11	16.5	14	280	2700
12	17.5	8	320	2680	12	17	15	300	3000
13	18	8	320	3000	13	17.5	15	300	3300
14	18.5	8	320	3320	14	18	15	300	3600
15	19	8	320	3640					

2. Yo-Yo 测试

Yo-Yo 测试

（1）**测试目的：**受试者通过 20m 折返跑，进行测试受试者的有氧耐力，确定受试者的心肺耐力水平。

（2）**测试器材：**标志桶、胶带、卷尺和音响。

（3）**测试场地：**用卷尺共测量出 20m，起始点各用胶带贴上，并各放置于标志桶，前面的为起跑线，再从起跑线向前测量 5m 为恢复区也放置于标志桶如图示（图 9-2-1）。

（4）**测试步骤与要求：**

当录音指示开始时，受试者向前慢跑在“嘟”声之前及时到达终点，然后转身折返在“嘟”声之前及时到起点。到达起点时，停留在恢复区进行 10s 短暂的休息，当“嘟”声指示再次开始进行下一个等级的折返测试。随着时间的延长，嘟声会出现得更加频繁，因此速度只有越来越快，才能在嘟声之前及时到达规定的位置，至少有一只脚踩到或越过起止线才算完成一次折返。若连续两次都无法及时到达，测试结束，记录最后测试等级。

（5）**数据记录：**

每条线和标志桶处，需各有一名测试员。测试员主要检查与评估受试者是否在“嘟”声之前及时到达规定的位置，并记录受试者完成的趟数与等级，若受试者没有达到，则需要进行口头提醒；若受试者连续两次没有在“嘟”声之前及时达到规定位置，或没有伴随“嘟”声到达，则测试结束，记录最后完成的总折返次数（包括最后未完成的折返）。

（6）**数据解读与分析：**

将测试结果代入以下公式进行推算最大摄氧量：

以受试者完成的总折返次数（包含未完成的两次折返）作为最终结果，用总折返次数乘以每次折返的 40m，得出受试者在测试过程中共跑动的距离。最后将总距离代入以下公式，进行估算最大摄氧量。不适用公式时，可直接通过转换列线图进行估算最大摄氧量。

以下公式。

Yo-Yo 1 级测试：单位为 ml/kg · min

最大摄氧量 =IR1 距离（m）×0.0084+36.4

Yo-Yo 2 级测试：单位为 ml/kg · min

最大摄氧量 =IR2 距离（m）×0.0136+45.3

子任务二　12min 跑和 1.6km 走

1. 12min 跑

12min 跑

通过连续跑步，利用固定时间的方案测量心肺耐力，在估算有氧耐力的测试中，这是比较受欢迎的测试方式之一。该测试对在固定时间内完成的距离进行评分，受试者在规定的时间内，跑动距离越多，其最大摄氧量就越高。

（1）**测试目的：**评价有氧能力。

（2）**测试器材：**秒表、锥桶、卷尺。

（3）**测试步骤与要求：**

测试前对受试者进行筛查，确定受试者是否有心脏病或其他风险因素。若无风险因素进行热身与动态拉伸，随后进行短暂休息，并告知受试者，在测试期间若有必要可以休息或走路，但会影响测试成绩。当测试开始后，建议受试者尽可能多地跑动最大距离，在 12min 时停止计时并告知受试者停止，在停止位放上锥桶（图 9-2-2）。

①　　②

图 9-2-2　12min 跑

（4）**数据记录：**

测试员准确记录受试者跑动的距离。

（5）**数据解读与分析：**

用以下公式进行估算其中，最大摄氧量单位为毫升每千克体重每分钟（ml/kg · min），跑动距离单位为米（m）。

最大摄氧量 =0.0268 × 跑完的距离 −11.3

2. 1.6 km 走

1.6min 走

利用固定距离进行测量心肺耐力，通过 1.6km 步行测试最大摄氧量，该测试不需要呼吸器或呼出设备，即在 1.6km 走确定氧气速率。

（1）**测试目的：**评价有氧能力。

（2）**测试器材：**秒表、锥桶、卷尺。

（3）**测试步骤与要求：**

测试之前，受试者先进行安全筛查和热身活动，片刻休息后进行测试。尽可能快地走完规定距离，但不能跑动。到达位置后，停止计时测试员准确记录时间（图 9-2-3）。

图 9-2-3　1.6km 走

（4）**数据记录：**

测试员准确记录受试者走动时间。

（5）**数据解读 / 分析：**

与心肺耐力水平的儿童相对比，心肺耐力水平高的儿童通常会有较好的学习成绩。有研究表明，在 10~16 岁的青少年中，完成 1.6km 走所需时间每增加一分钟，在标准化测试中数学成绩就会下降 1.9 分，阅读成绩就会下降 1.1 分。

1.6km 走公式适用于 18~25 岁：

男性

$最大摄氧量 = -9.06 \times 时间 + 0.38 \times 时间^2 + 98.49$

女性

$最大摄氧量 = -6.04 \times 时间 + 0.22 \times 时间^2 + 82.2$

子任务三　台阶试验

台阶测试

1. 台阶测试

这是一种低成本的测试方法，通过测量固定的上下台阶的心率或固定的频率及运动后恢复期心率评定心肺耐力。台阶试验设备简单，测试时间短，不需要复杂的设备，运输方便，适用于群体测试，运动后的恢复期心率随心肺耐力改善而降低，测试结果易于分析。

（1）**测试目的：**评价有氧能力。

（2）**测试器材：**台阶、秒表。

（3）**测试步骤与要求：**

一般情况下，男性台阶为 40cm，女性台阶为 35cm，运动时间为 5 分钟，测试的过程中，受试者需保持一定的节奏，每分钟上下台阶次数为 30 次，在上下台阶过程中，受试者的身体和膝关节必须伸直，不能弯腰屈膝，两秒一次，节拍器为 120r/min（每上下一次是四动）双腿轮换进行交替，保持准确的节奏性。测试结束后，受试者立马坐下，测量受试者 90s、150s、210s 的心率，并代入以下公式进行计算台阶试验指数，计算结果包含小数点的，进行点后 1 位四舍五入（图 9-3-1）。

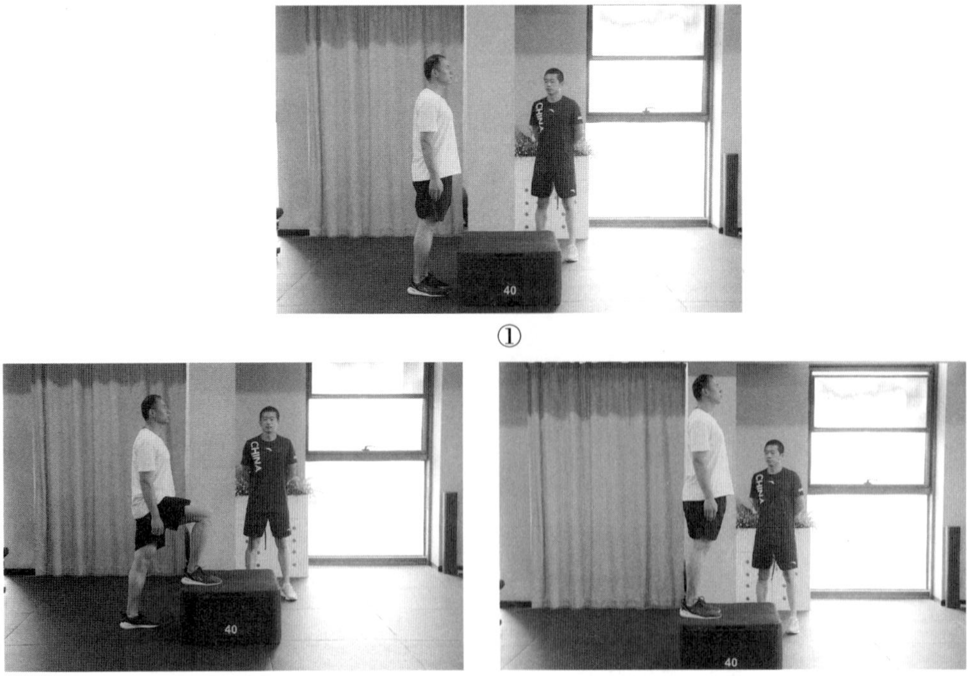

① ② ③

图 9-3-1　台阶测试

（4）**数据记录：**

测试员准确记录测试 3 次心率与时间。

（5）**注意事项：**

① 运动负荷适合于受试者的体能水平。

② 受试者务必按照节拍进行上下台阶，否则会影响测试结果。

③ 需注意男女台阶高度的差异，穿简便运动衣。

④ 上下台阶过程中，膝关节需保持完全屈伸。

（6）**数据解读 / 分析：**

台阶指数 = 运动时间（s）× 100/（2 × 恢复期 3 次脉搏之和）

再将台阶指数（X）代入以下任何一种推测最大摄氧量（Y）的公式：

男性：Y（ml/min）=13.25X+1740.86

女性：Y（ml/min）=13.94X+514.37

男性：Y（ml/kg · min）=0.2588X+24.170

女性：Y（ml/kg · min）=0.1912X+17.264

2. 奎因台阶测试（仅适用于女性）

奎因台阶
测试

（1）**测试目的：**测试女性心肺耐力能力。

（2）**测试器材：**48cm 的台阶和秒表。

（3）**测试步骤与要求：**

受试者需保持一定的节奏，按照每分钟 22 次的频率进行上下台阶 3min，身体和膝关节必须伸直，不能弯腰屈膝，双腿轮换进行交替，保持准确的节奏（图 9–3–2）。

①

②

③

图 9–3–2　奎因台阶测试

（4）**数据记录：**

测试员准确记录测试心率与时间。

（5）**注意事项：**

① 运动负荷适合于受试者的体能水平。

② 受试者务必按照节拍进行上下台阶，否则会影响测试结果。

③ 受试者穿简便运动衣。

④ 上下台阶过程中，膝关节需保持完全屈伸。

（6）**数据解读 / 分析：**

测试结束后，将 15 秒的脉搏转换成每分钟心率，代入下列公式推算最大摄氧量。

$$最大摄氧量\ VO_2max（mL/min）=65.81-0.1847 \times 心率\ (b/min)$$

3. 奥亥奥（OHIO）台阶测试（仅适用于男性）

OHIO 台阶测试

（1）**测试目的：** 测试男性心肺耐力能力。

（2）**测试器材：** 45cm 的台阶和秒表。

（3）**测试步骤与要求：**

本次测试负荷练习分三个阶段，每个阶段分为 6 组。

第一个阶段的 6 组，以每分钟 24 步的频率上下台阶。

第二个阶段的 6 组，以每分钟 30 步的频率上下台阶。

第三个阶段的 6 组，以每分钟 36 步的频率上下台阶。

在测试过程中，受试者按照测试顺序进行三个阶段（18 组）递增负荷的测试，每组只进行 30 秒即可，第一阶段 1~6 组每组上下台阶 12 次 /30 秒；第二阶段 7~12 组每组上下台阶 15 次 /30 秒；第三阶段 13~18 组每组上下台阶 18 次 /30 秒。每组运动后休息 20 秒，在休息时进行测量 10/15 秒的心率（图 9–3–3）。

①

②

③

图 9–3–3 奥亥奥（OHIO）台阶测试

（4）**数据记录：**

测试员准确记录心率与时间。

（5）**注意事项：**

① 运动负荷适合于受试者的体能水平。

② 受试者务必按照节拍进行上下台阶，否则会影响测试结果。

③ 受试者穿简便运动衣。

④ 上下台阶过程中，膝关节需保持完全屈伸。

（6）**数据解读 / 分析：**

在测试过程中，必须告诉受试者在第一段和第二段负荷完成时的心率。只要受试者心率达到 25 次 /10 秒，无论完成到第几组，就可以停止实验。若受试者在完成 18 组后，还未达到 25 次 /10 秒，那么工作负荷组应该记录为 19。并通过以下公式推算最大摄氧量。

最大摄氧量 VO_2max(ml/kg · min)=(1.69975 × 上下台阶的组数)–(0.137544 × 体重) +47.12525（ ml/kg · min ）

子任务四 最大摄氧量实验室精准评估

实验室极限运动测试是评价最大摄氧量的最佳选择，因为通过收集受试者的气体，提供了最佳的条件。实验室测试便于进行监控运动方案，同时便于收集二氧化碳和氧气，通过气体分析器进行评估最大摄氧量。跑步机和功率自行车是最常见的有氧耐力测试方法。跑步机测试最大耗氧量基本上会高于功率自行车，最大心率值也高于功率自行车，但还有其他一些研究发现两者引发的心率相差不大。若不考虑测试方案，就其运动形式而言，跑步机测试的有氧耐力值是偏高的。

1. 跑步机极限测试

（1）**测试目的：**通过收集受试者在运动中的呼吸气体，进而得出心肺耐力水平能力。

（2）**测试器材：**跑步机、电脑、气体分析器。

（3）**测试步骤与要求：**

测试前受试者，需充分休息并禁食至少两小时，穿好运动服装，采集受试者的身高、体重、年龄和静息心率等基本信息，使用公式预测受试者的最大心率：208-［0.7× 年龄（岁）］，并记录下来。进行测试时，受试者以不大于第一阶段的强度进行 3~5 分钟的热身，此时就已经启动秒表记录时间，在每个测试阶段的最后 30 秒收集数据，每 3 分钟增加一次坡度和速度，直到受试者无法继续测试为止（图 9-4-1）。

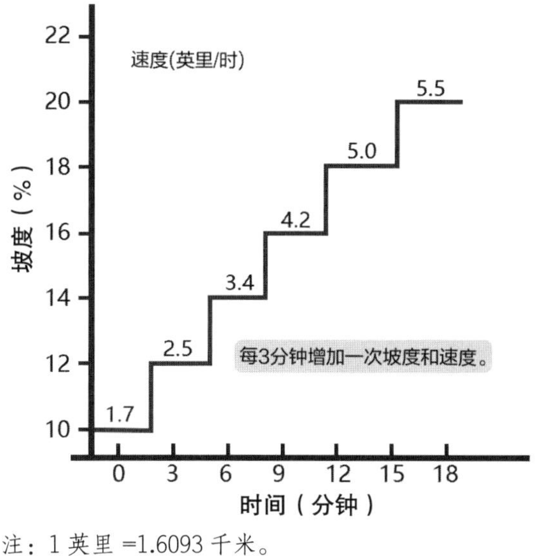

注：1 英里 =1.6093 千米。

图 9-4-1 布鲁斯跑步机测试

（4）**数据记录：**

测试员需站在跑步机后进行监督与保护（防止受试者出现脚踩边缘或晕厥），其他测试员及时记录受试者的心率、呼出气体总量、呼吸交换率及总时间和阶段时间，观察受试者是否出现终止的症状，测试过程中可以鼓励受试者达到极量运动状态。因受试者不能进行沟通，需通过提供手势信号传递信息。停止测试时，需将跑步机的速度减少至 3 英里 / 小时（约 4828m/h），坡度降为 0%，让受试者继续戴着面罩放松 5 分钟，测试员记录好总时间，估算最大摄氧量。

（5）**注意事项：**

①运动前，穿好运动服装，需充分休息并禁食至少两小时。

②因受试者戴有面罩不能进行沟通，需进行手势进行沟通。

③随时观察受试者的状态，若出现，心率不随运动强度增加而增加、身体出现极度疲劳、皮肤苍白、腿部痉挛、胸闷、晕厥等现象，需立即终止测试。

（6）**数据解读 / 分析：**

将测试数据代入以下公式估算。其中最大摄氧量单位为毫升每千克每分（ml/kg·min），时间单位为分（min）。

• 男性：

最大摄氧量 =14.76 –（1.379 × 时间）+（0.451 × 时间 2）–（0.012 × 时间 3）

• 女性

最大摄氧量 =（4.38 × 时间）–3.9。

以下公式计算跑步机上每个做功阶段的功率。

功率输出（kg·m/min）= 测试对象的体重（kg）× 跑步机速度（m/min）× 跑步机坡度（用小数表示）（其跑步机坡度 = 坡度百分比 /100）

表 9-4-1　男性功率自行车测试不同运动最大摄氧量的年龄性别值

男性最大							
年龄（y）							
百分数		18~25	26~35	36~45	46~55	56~65	> 65
100	出色	100	95	90	83	65	53
95		75	66	61	55	50	42
90		65	60	55	49	43	38
85	良好	60	55	49	45	40	34
80		56	52	47	43	38	33
75		53	50	45	40	37	32
70	高于平均水平	50	48	43	39	35	31
65		49	45	41	38	34	30
60		48	44	40	36	33	29
55	平均水平	45	42	38	35	32	28
50		44	40	37	33	31	27
45		43	39	36	32	30	26
40	低于平均水平	42	38	35	31	28	25
35		39	37	33	30	27	24
30		38	34	31	29	26	23
25	弱	36	33	30	27	25	22
20		35	32	29	26	23	21
15		32	30	27	25	22	20
10	极弱	30	27	24	24	21	18
5		26	24	21	20	18	16
0		20	15	14	13	12	10

表 9-4-2　女性功率自行车测试不同运动最大摄氧量的年龄性别值

女性最大							
年龄（y）							
百分数		18~25	26~35	36~45	46~55	56~65	> 65
100	出色	95	95	75	72	58	55
95		69	65	56	51	44	48
90		59	58	50	45	40	34
85	良好	56	53	46	41	36	31
80		52	51	44	39	35	30
75		50	48	42	36	33	29
70	高于平均水平	47	45	41	35	32	28
65		45	44	38	34	31	27
60		44	43	37	32	30	26
55	平均水平	42	41	36	31	28	25
50		40	40	34	30	27	24
45		39	37	33	29	26	23
40	低于平均水平	38	36	32	28	25	22
35		37	35	30	27	24	21
30		35	34	29	26	23	20
25	弱	33	32	28	25	22	19
20		32	30	26	23	20	18
15		20	28	25	22	19	17
10	极弱	27	25	24	20	18	16
5		24	22	20	18	15	14
0		15	14	12	11	10	10

2. 功率自行车极限测试

功率自行车测试也是评价心肺耐力的指标之一，但对于不熟悉自行车的受试者，可能容易出现过早疲劳而导致有氧耐力的测试值低于跑步机的测试值相差约 5%~25%。该测试更有利于有自行车测试经验的受试者。功率自行车测试也适合于有平衡或损伤的受试者，因它能够提供一种无负重、稳定的运动形式。体能较差的受试者初始功率为 25~75W（150~450kg · m/min），阶段之间的功率增加幅度较小（如 10~15W 或 60~90kg · m/min）；体能较好的受试者初始功率为 75~150W（450~920kg · m/min），阶段之间的功率增加幅度较大（如 25~50W 或 150~300kg · m/min）。

功率自行车测试最流行的两个分别是，阿斯特朗德测试和麦卡德尔测试方案。阿斯特朗德测试男性的初始功率为 600kg · m/min（约 100W），每 2 分钟增加 300 kg · m/min（约 50W），蹬踏节奏为 50r/min；女性的初始功率为 300 kg · m/min（约 50W），每 2 分钟增加 150kg · m/min（约 2W），蹬踏节奏为 50r/min。麦卡德尔测试与性别无关，初始功率为 900kg · m/min（约 150W），每 2 分钟增加 240kg · m/min（约 40W），蹬踏节奏为 60r/min。这两个测试方案对有氧耐力预测的数值误差相对较小，都很准确。

（1）**测试目的：**受试者通过蹬踏功率自行车，进而估算出受试者的最大摄氧量。

（2）**测试器材：**功率自行车、电脑、秒表、气体分析器。

（3）**测试步骤与要求：**

测试前受试者，需充分休息并禁食至少两小时，穿好运动服装，然后采集受试者的身高、体重、年龄和静息心率等基本信息，使用公式预测受试者的最大心率：208-［0.7× 年龄（岁）］，并记录下来。校准自行车后，将受试者的信息输入自行车系统中，受试者戴好面罩，等待测试。当受试者进行测试时，以不大于第一阶段的强度进行 3~5 分钟的热身。在每个阶段的最后 30 秒收集数据，在每个阶段持续 2~3 分钟结束时，根据测试方案增加阻力，直到受试者无法完成测试为止。

（4）**数据记录：**

测试员及时记录受试者的心率、呼出气体总量、呼吸交换率及总时间和阶段时间，观察受试者是否出现终止的症状（乏力、呼吸困难、下肢痉挛、心率加快），测试过程中可以鼓励受试者达到极量运动状态。因受试者不能进行沟通，需进行提供手势信号进行传递信息。在停止测试时，立即降低工作负荷（至第一阶段的 kg · m/min），让测试者继续佩戴吹口开始放松，让受试者继续佩戴面罩放松 5 分钟，测试员记录好总时间，估算最大摄氧量。

（5）**注意事项：**

① 运动前，穿好运动服装，需充分休息并禁食至少两小时。

② 因受试者戴有面罩不能进行沟通，需进行手势进行沟通。

③ 随时观察受试者的状态，若出现，心率不随运动强度增加而增加、身体出现极度疲劳、皮肤苍白、腿部痉挛、胸闷、晕厥等现象，需立即终止测试。

④ 受试者在测试过程中需保持好节奏，确保受试者的规定功率。

（6）**数据解读 / 分析：**

使用以下公式计算固定自行车上每个工作阶段的功率。

功率输出（kg·m/min）= 蹬踏节奏（r/min）× 飞轮距离（mi/r）× 飞轮阻力（kg）

功率自行车的单位通常为 W，需要将功率单位 kg·m/min 转换为 W（1W=6.12kg·m/min）。若自行车可以移动，可以通过蹬踏一圈让自行车移动的距离就是飞轮的距离。对于规定式自行车，飞轮距离是固定的，要想测量飞轮距离，首先需要测量飞轮的周长，其次计算一个完整踏板行程的飞轮转数；对于变速自行车，飞轮距离会随着每档变速齿轮而变动。一般情况下，实验室自行车测功计的飞轮距离约为 6m/r。

表 9-4-3　YMCA 功率自行车测试方案

第一级 150 kg · m/min（0.5kg）				
	HR：<80	HR：80 ~ 90	HR：90 ~ 100	HR：> 100
第二级	750kg · m/min（2.5kg）	600kg · m/min（2.0kg）	450kg · m/min（1.5kg）	300kg · m/min（1.0kg）
第三级	900kg · m/min（3.0kg）	750kg · m/min（2.5kg）	600kg · m/min（2.0kg）	450kg · m/min（1.5kg）
第四级	1050kg · m/min（3.5kg）	900kg · m/min（3.0kg）	750kg · m/min（2.5kg）	600kg · m/min（2.0kg）

说明：① 第一级运动负荷设定为 150kg · m/min[0.5kg，50r/min（转 / 分钟）]。
② 如果第一级第 3 分钟心率（minHR）：
>80，第二级运动负荷设定为 750kg · m/min（2.5kg，50r/min）；
80~89，第二级运动负荷设定为 600kg · m/min（2.0kg，50r/min）；
90~100，第二级运动负荷设定为 450kg · m/min（1.5kg，50r/min）；
<100，第二级运动负荷设定为 300kg · m/min（1.0kg，50r/min）。
③ 如果需要，可根据第二级负荷栏下所示负荷设定第三级和第四级运动负荷。
④ 此处阻力适用于 6m/r 的自行车。

小 结

本章主要从有氧耐力的定义及生理机制介绍了有氧耐力的影响因素和评估方法，人体有氧耐力的好坏取决于肌肉利用氧的能力和机体氧运输系统的功能，有氧耐力测试测试中的重要指标是最大摄氧量，可以用于运动选材和制订运动训练强度。

实践作业

1. 利用 Yo-Yo 跑音乐对受试者进行讲解测试规则后并能独立进行测试。
2. 以小组形式利用台阶试验法进行互相测试估算最大摄氧量。
3. 能利用功率自行车极限测试估算同伴的最大摄氧量。

作业与思考

1. 影响有氧耐力的因素有哪些?
2. 简述乳酸阈在有氧耐力中的作用。

参考文献

[1] 谢弗 . 普通心理学研究故事 [M]. 石林，译. 第 2 版 . 北京：世界图书出版公司北京公司，2007.

[2] 巴斯 . 进化心理学心理的新科学 [M]. 熊哲宏，张勇，晏倩，译. 上海：华东师范大学出版社，2007.

[3] 美国国家体能协会 . 美国国家体能协会体能测试与评估指南 [M]. 高炳宏，杨涛，译 . 北京：人民邮电出版社，2019.

[4] 王金灿 . 运动选材原理与方法 [M]. 北京：人民体育出版社，2005.

[5] FMS 网站 [EB/OL].http：www.functionalmovement.com.

[6] Gray Cook 网站 [EB/OL].http：www.graycook.com.

[7] 王雄，沈兆喆 . 身体功能训练动作手册 [M]. 北京：人民体育出版社，2014.

[8]张兰荣 . 柔韧素质的解剖生理基础和训练 [J]. 体育教学与训练，1991（6）：31–32.

[9]尹小俭，季浏，高升，等 . 中国学生柔韧素质测试方法的探索研究 [J]. 成都体育学院学报，2014（11）：84–89.

[10] 福伦 . 高水平竞技体能训练 [M]. 袁守龙，刘爱杰，译 . 北京：北京体育大学出版社，2006.

[11] 富库达 . 运动表现测试与评估指南 [M]. 闫琪，赵芮，译 . 北京：人民邮电出版社，2020.

[12] 雷曼，曼斯克 . 功能性运动表现测试指导手册 [M]. 沈兆喆，雷宁译. 北京：人民邮电出版社，2020.

[13]Gabbett J. Sprinting patterns of National Rugby League competition [J]. Journal of Strength and Conditioning Research，2012，26（1）: 121–130.

[14]Andrzejewski M，Chmura J，Pluta B，et，al. Sprinting activities and distance covered by top level Europa league soccer players [J]. International Journal of Sports Science & Coaching，2015，10（1）: 39–50.

[15]Andrzejewski M，Chmura J，Pluta B，et，al. Analysis of sprinting activities of professional soccer players [J]. The Journal of Strength & Conditioning Research，2013，27（8）: 2134–2140.

[16]Docherty D，Wenger H A，Neary P. Time–motion analysis related to the physiological demands of rugby [J]. Journal of Human Movement Studies，1988，14（6）: 269–277.

[17] Deutsch M U, Maw G J, Jenkins D, et al. Heart rate, blood lactate and kinematic data of elite colts (under-19) rugby union players during competition [J]. Journal of sports sciences, 1998, 16 (6) : 561-570.

[18] Spencer M, Lawrence S, Rechichi C, et, al.Time-motion analysis of elite field hockey, with special reference to repeated-sprint activity [J]. Journal of sports sciences, 2004, 22 (9) : 843-850.

[19] Spinks C D, Murphy AJ, Spinks W L, et, al. The effects of resisted sprint training on acceleration performance and kinematics in soccer, rugby union, and Australian football players [J]. Journal of Strength and Conditioning Research, 2007, 21 (1) : 77-85.

[20] Lockie G, Murphy J, Knight J, et, al. Factors that differentiate acceleration ability in field sport athletes [J]. Journal of Strength and Conditioning Research, 2011, 25 (10) : 2704-2714.

[21] Sheppard JM, Young WB. Agility literature review: Classifications, training and testing [J]. Journal of sports sciences, 2006, 24 (9) : 919-932.

[22] Williams M, Hodges J, North S, et, al. Perceiving patterns of play in dynamic sport tasks: Investigating the essential information underlying skilled performance[J]. Perception, 2006, 35(3): 317-332.

[23] Lockie G, Jeffriess D, McGann S, et, al. Planned and reactive agility performance in semiprofessional and amateur basketball players [J]. International journal of sports physiology and performance, 2014, 9 (5) : 766-771.

[24] Cronin B, Templeton L. Timing light height affects sprint times [J]. The Journal of Strength & Conditioning Research, 2008, 22 (1) : 318-320.

[25] 菲利普，拉希 . 运动学和应用解剖学 [M]. 胡泽，译 . 北京 : 人民体育出版社，1985.

[26] 周爱国 . 体能训练理论与方法 [M]. 北京 : 北京体育大学出版社，2016.

[27] 邓树勋，王健，乔德才 . 运动生理学 [M]. 第 2 版 . 北京 : 高等教育出版社，2009.

[28] 田麦久，刘大庆 . 运动训练学 [M]. 北京 : 人民体育出版社，2012.

[29] 美国国家体能协会 .NSCA-CSCS 美国国家体能协会体能教练认证指南 [M]. 王雄，闫琪，周爱国，等译 . 北京：人民邮电出版社，2021.

[30] Buchheit M, Laursen B. High-Intensity Interval Training, Solutions to the Programming Puzzle [J]. Sports Medicine, 2013, 43 (5) : 313-338.

[31] Janssen P. Lactate Thseshold Training [M]. Chanpain:Human Kinetics 2014.

[32] Dan L. High-Performance Training for Sports [M]. Chanpaign-Orbana:Human Kinetics 2014.

[33] Chamari K, Chaouachi A, Racinais S. Anaerobic power and capacity [M]. Exercise Physiology: from a Cellular to an Integrative Approach, 2010.

[34] Maud PJ, Shultz BB. Norms for the Wingate anaerobic test with comparison to another similar

test [J] . Res Q Exerc Sport, 1989, 60 (2) : 144–151.

[35] Meissnitzer T, Neureiter D, Meissnitzer MW. Low sampling rates bias outcomes from the Wingate test [J] . International Journal of Sports Medicine, 2010, 31 (11) : 784–789.

[36] Rusko H, Nummela A, Mero A. A new method for the evaluation of anaerobic running power in athletes [J] . European Journal of Applied Physiology & Occupational Physiology, 1993, 66 (2) : 97–101.

[37] Beasley SW, Hutson JM. Reliability and validity of the maximal anaerobic running test [J] . International Journal of Sports Medicine, 1996, 17 (S2) : S97–S102.

[38] 王瑞元 . 运动生理学实验指导 [M] . 北京：人民体育出版社，2012.

[39] 王艳，王娟，刘云 . ACSM 运动测试与运动处方指南 [M] . 第 9 版 . 北京：北京体育大学出版社，2015.

[40] 格雷戈里，查尔斯杜姆克 . 运动生理学实验及体能测试指导手册 [M] . 第 2 版 . 赵芮，译 . 北京：人民邮电出版社，2021.